```
SP 248 .86 ART
Arterburn, Stephen,
Sanidad es una eleccion
: diez decisiones que
transformaran su vida y
diez mentiras que
trataran de alejarle de
```

SANIDAD
ES UNA ELECCIÓN

SANIDAD
ES UNA ELECCIÓN

Diez decisiones que transformarán su vida y diez
mentiras que tratarán de alejarle de la verdad

Stephen Arterburn

La misión de *Editorial Portavoz* consiste en proporcionar productos de calidad —con integridad y excelencia—, desde una perspectiva bíblica y confiable, que animen a las personas a conocer y servir a Jesucristo.

Título del original: *Healing is a Choice,* © 2005 por Stephen Arterburn y publicado por Thomas Nelson Inc., P.O. Box 141000, Nashville, Tennessee 37214. Todos los derechos reservados.

Edición en castellano: *Sanidad es una elección,* © 2007 por Stephen Arterburn y publicado por Editorial Portavoz, filial de Kregel Publications, Grand Rapids, Michigan 49501. Todos los derechos reservados.

Ninguna parte de esta publicación podrá reproducirse de cualquier forma sin permiso escrito previo de los editores, con la excepción de citas breves en revistas o reseñas.

A menos que se indique lo contrario, todas las citas bíblicas han sido tomadas de la versión Reina-Valera 1960, © Sociedades Bíblicas Unidas. Todos los derechos reservados.

Traducción: Luis Bernal Lumpuy

EDITORIAL PORTAVOZ
P.O. Box 2607
Grand Rapids, Michigan 49501 USA

Visítenos en: www.portavoz.com

ISBN 978-0-8254-1192-2

1 2 3 4 5 edición / año 11 10 09 08 07

Impreso en los Estados Unidos de América
Printed in the United States of America

A tía Mary y a tío Charles

Se dedica este libro a dos de las personas más maravillosas de este planeta, mi tía Mary y mi tío Charles. Mary es una sanadora de heridas y una animadora de espíritus. Siempre tiene una palabra agradable que creo que en muchos casos viene directamente del Señor. La admiraba cuando yo era joven por su belleza y su asombrosa destreza para derrotar al más difícil de sus contrincantes en tenis. A medida que fui creciendo ella siguió relacionándose conmigo, felicitándome por mis logros y consolándome en medio de la tragedia. En el apogeo de la rebeldía de mi juventud, nunca me dejó, siempre alentándome en las cosas buenas. Ella ha llegado a ser una leyenda en el mundo de *Mujeres de fe* y *New Life Live* [Nueva vida en vivo]. Cuando menciono su nombre, los más devotos saben exactamente de quién estoy hablando.

Tía Mary está casada con uno de los hombres más finos y honorables que he conocido, tío Charles. Él ha usado su sabiduría en el mundo de los negocios y de los números para ayudar a mi madre después de la muerte de mi padre. Pero más que eso, él ha derramado su bondad y su amor de un modo silencioso y amable, sin procurar nunca ser el centro de atención ni de llamar la atención hacia sí mismo. El mundo necesita más personas como tío Charles.

Juntos nos han bendecido a mí y a mi familia con bondad, sabiduría y dirección. Observamos mientras criaban a dos mujeres notables, Patty y Lynn, que son brillantes resultados de padres excelentes y decisiones inteligentes.

La dedicación de este libro para ustedes es una insignificante señal de aprobación comparada con la gran contribución que ustedes han hecho a mi vida. Gracias por ser quienes ustedes son y por compartir todo lo que son conmigo y con nuestra familia.

Contenido

Introducción — 9
La decisión de sanar su vida

Capítulo 1 — 29
La primera elección: La decisión de relacionar su vida
La primera gran mentira: "Lo único que necesito para sanarme es solo Dios y yo".

Capítulo 2 — 55
La segunda elección: La decisión de sentir su vida
La segunda gran mentira: "Los verdaderos cristianos deben tener genuina paz en todas las circunstancias".

Capítulo 3 — 77
La tercera elección: La decisión de analizar su vida en la búsqueda de la verdad
La tercera gran mentira: "No hace ningún bien mirar al pasado o mirar hacia dentro".

Capítulo 4 — 97
La cuarta elección: La decisión de sanar su futuro
La cuarta gran mentira: "El tiempo sana todas las heridas".

Capítulo 5   113
La quinta elección: La decisión de ayudar a su vida
La quinta gran mentira: "Puedo resolver esto solo".

Capítulo 6   129
La sexta elección: La decisión de aceptar su vida
La sexta gran mentira: "Si actúa como si no hubiera problema alguno, con el tiempo no lo habrá".

Capítulo 7   145
La séptima elección: La decisión de perdonar
La séptima gran mentira: "El perdón es solo para quienes lo merecen o lo ganan".

Capítulo 8   171
La octava elección: La decisión de arriesgar su vida
La octava gran mentira: "Debo protegerme de más dolor".

Capítulo 9   191
La novena elección: La decisión de servir
La novena gran mentira: "Hasta que me sienta totalmente sano y fuerte, no hay lugar alguno para que yo sirva a Dios".

Capítulo 10   215
La décima elección: La decisión de perseverar
La décima gran mentira: "No me queda ninguna esperanza".

Capítulo 11   241
Últimas ideas acerca de la sanidad

Notas   247
Acerca del autor   249

Introducción
La decisión de sanar su vida

Una que otra vez, cada ser humano necesita sanidad. El tipo de sanidad necesaria será diferente en dependencia de quién sea la persona y cuáles sean sus circunstancias. En cada caso, la sanidad es una elección en la que participan Dios y el hombre. La sanidad es una elección; es la elección de Dios. Además, hay un aspecto humano del asunto; hay decisiones que tomamos para asegurarnos de experimentar cualquier sanidad que Dios, en su propósito eterno, tenga para nosotros. Sin embargo, en definitiva debemos recordar que el Creador del universo es también el Sanador de su universo. Él es quien toma la decisión suprema en cuanto a cómo, cuándo y de quién recibimos la sanidad.

Sin duda, a Dios debe de gustarle la sanidad, ya que permite que mucha sanidad ocurra cada día. Él nos creó con propiedades curativas en nosotros. En casi todos los casos, un dedo herido se sana a sí mismo. Tiene que ocurrir algo muy malo con una persona para que una herida no se sane sola. Un miembro quebrado tiene la capacidad de restaurarse a sí mismo. El virus de la gripe es derrotado y destruido por la capacidad sanadora que hay en nuestro cuerpo. La sanidad ocurre en todo lo que nos rodea y dentro de nosotros. Es una milagrosa capacidad que cada persona tiene hasta cierto punto. Aunque Dios nos ha dado dones de sanidad, podemos afectar ese proceso. Lamentablemente, la capacidad de sanar emocional, espiritual o físicamente ha sido destruida o debilitada por algo. Una herida física debe limpiarse y se le ha de aplicar medicamento y no pasarse por alto. Las heridas emocionales y espirituales también necesitan atención. No se desvanecen simplemente.

Sanidad interrumpida

Cuando mi hermano Jerry contrajo SIDA, fui testigo de lo que ocurre cuándo se debilita la capacidad de sanar de un cuerpo. A medida que el cuerpo de Jerry se iba debilitando por la enfermedad, su sistema de inmunización no podía atacar a varios virus y gérmenes. Se llenó de infección la parte interior de su esófago. Su boca y su garganta se llenaron de organismos que por lo regular nuestro cuerpo puede destruir. Su piel estaba marcada por cicatrices y lesiones que resultaban de una nueva infección casi diaria entrando en su cuerpo. Cada nuevo día podía traer una sorpresiva enfermedad de la que ninguno de nosotros había oído hablar. Mientras mi familia veía enfermedad tras enfermedad atacar su cuerpo, nos maravillaba el pensar cuán duro tiene que trabajar nuestro cuerpo para protegernos y cuán fuerte tiene que ser para rechazar tantas enfermedades que pudieran destruirnos. Vimos con tristeza a Jerry desvaneciéndose porque ya no tenía la capacidad de sanarse a sí mismo. Con el milagro de sanidad totalmente destruido, mi hermano talentoso y bien parecido murió a la edad de treinta y tres años. Dios decidió no sanarlo físicamente pero emocional y espiritualmente sus últimos días fueron unos de los momentos de su mayor sanidad en la tierra.

Jerry no podía tomar la decisión de eliminar el virus del SIDA. Decidió tomar la mejor medicación disponible pero no era perfecta y la mayoría de las personas que la toman no viven largo tiempo. Cambió su dieta para darse la mayor posibilidad de una sanidad física. También fue a un culto de sanidad. Nada impidió que la enfermedad destruyera su cuerpo físico pero

INTRODUCCIÓN

hubo sanidad en su alma. El hermano enojado y desafiante que yo había conocido halló la paz con Dios y la paz con este mundo.

Fue una milagrosa transformación. Mi hermano decidió sanarse; cuanto más enfermaba su cuerpo físico, tanto más él decidía sanarse espiritualmente. Incluso le extendió la mano a otros que luchaban solos y sin visitantes. Usó su aflicción para ayudar a los demás y cuando murió, murió como un hombre satisfecho. Se dio cuenta de que con su libro, *How Will I Tell My Mother?* [¿Cómo le diré a mi madre?], y con sus programas de televisión había llegado a más personas, había tocado más vidas y había influido más que si hubiera vivido un ritmo normal de vida. Él vio la aflicción como un don y experimentó la sanidad del alma.

Mi hermano decidió sanarse; cuanto más enfermaba su cuerpo físico, tanto más él decidía sanarse espiritualmente.

MÁS ALLÁ DE LA SANIDAD FÍSICA

Las propiedades de la sanidad no están solo en nuestro cuerpo. También están presentes en nuestra mente y nuestra alma. Dios nos dio la capacidad de sanarnos del trauma y de la tragedia emocional. Cuando perdemos a alguien a quien amamos, nos sentimos devastados; nos lamentamos y afligimos mientras nos preguntamos si nuestros días volverán a llenarse de luz. Nuestras almas se afligen por la pérdida del ser amado y por el dolor que a veces parece demasiado para soportarlo.

A medida que aumenta nuestra aflicción, comenzamos a tener parte de un buen día y luego un día completo o dos buenos vienen juntos. Comenzamos a sentir un cambio de nuestra constante agonía y sabemos que en cierto nivel está teniendo lugar la sanidad. En uno o dos años, si todo anda bien, miramos atrás y vemos cuán lejos hemos llegado; cuánta sanidad ha tenido lugar. Dios creó esa capacidad de sanidad emocional y espiritual en casi todos nosotros. Si la capacidad de sanidad no estuviera allí, pérdida tras pérdida, añadiendo dolor al dolor, nos aplastaría de modo que no pudiéramos seguir viviendo. Perderíamos nuestra mente y no podríamos continuar. Casi todo el mundo tiene la capacidad en sí mismo de sanar de las heridas y no ser destruido por ellas. Hace algunos años descubrí cuán dichoso era de que esa capacidad de sanar estuviera en mí.

El principio del fin

Todo en mi vida cambió mientras esperaba abordar un vuelo hacia Colorado Springs para una cena con una maravillosa pareja misionera, John y Lisa Bevere. Lisa, autora de libros como *Kissed the Girls and Made Them Cry* [Besaba a las muchachas y las hacía llorar], era una escritora que había ayudado a mujeres jóvenes y mayores con su auténtico estilo y su profunda sabiduría. John había escrito un libro que consideré notable y que me había hecho hacer una reservación para comer con extraños. Así que yo iba rumbo a Colorado Springs para reunirme con los Bevere.

Fui uno de los últimos en abordar el avión. Mientras estaba en la rampa, a punto de caminar sobre la alfombra que lleva al avión, sonó el teléfono. Lo abrí, puse en él mi oído, saludé y después de una breve conversación dije adiós a la vida que yo había conocido. Mi vida cambió por completo en un instante, nada volvería a ser igual. Lo resumiré diciendo que fue durante aquella llamada que descubrí que mi esposa Sandy y yo íbamos a divorciarnos. Aunque este libro no trata de mi divorcio y posterior recuperación, no puedo escribir acerca del sufrimiento y de la sanidad sin contar parte de mi retorno de las profundidades de la desesperación.

A menudo las personas se sienten aturdidas en los momentos

INTRODUCCIÓN

difíciles de su vida. No hubo ningún aturdimiento en cuanto a esta experiencia. Comenzó a dolerme el estómago; mi rostro se enrojeció, una cortina oscura pareció caer en mi mente. Me sentí mareado y con náuseas cuando caí en el asiento. Se cerró detrás de mí la puerta del avión y comencé a respirar profundamente para mantener la calma. Una vez había experimentado un ataque de pánico y temía la vergüenza de otro ataque. Hice lo que pude para mantener la compostura. Comencé a repetir lo que aún no creía: "Vas a salir bien. Vas a salir bien. Vas a salir bien".

Comenzaron a caer lágrimas en mi regazo mientras me volvía hacia la ventana para impedir que alguien me viera llorar. Me sentí atrapado y quería correr pero era demasiado tarde. Ya íbamos corriendo por la pista. Necesitaba hablar con alguien pero no podía comunicarme con nadie. El enojo, el miedo y el disgusto me sobrecogieron como nunca antes.

La horrible realidad del divorcio comenzó a interiorizarse mientras imaginaba la catástrofe del resultado. Sufría por nuestra hija, Madeline y cómo eso le causaría inimaginable dolor. Estaba seguro de que había escrito mi último libro y que todo lo demás que me gustaba hacer estaba terminado. Fue el viaje en avión más doloroso de mi vida. Nunca me había sentido tan solo en la cercanía de tantas personas. Mientras estaba allí sentado, solo y aterrado, comencé a pensar en los veinte años de matrimonio que había culminado en este momento horrible.

Historia de dolor

No todo nuestro matrimonio era desdichado. Hubo algunos buenos momentos, grandes aventuras y algunos momentos dulces, como nuestra adopción de Madeline. Sin embargo, nada de lo bueno apartaba las tinieblas crecientes. Cada uno teníamos nuestros problemas y nuestros conflictos nunca se resolvieron, los errores nunca se perdonaban y las heridas ocurrían día tras día. Las pequeñas heridas en nuestra relación nunca se sanaron como parecían sanarse en las relaciones de los demás, sino que se infectaban y dañaban nuestra vida. Casi cada día estaba lleno de terror y de conflictos. Varios consejeros matrimoniales hicieron poco o nada por nosotros; cada experiencia era más frustrante que la anterior. Yo era un hombre quebrantado pero hice lo que sabía que mantenía el matrimonio andando. Yo estaba lejos de ser perfecto, cometía muchos errores pero estaba dispuesto a hacer cualquier cosa por tener un matrimonio que los dos pudiéramos disfrutar y tener la familia que nuestra hija necesitaba y merecía. La última consejera matrimonial había sido de alguna esperanza. Solo algunos días antes, ella me dijo que pensaba que Sandy había hecho la paz al fin con nuestro matrimonio. La consejera sentía que podríamos disfrutar de un matrimonio feliz que duraría, aunque sería probable que nunca fuera un excelente matrimonio. No podía estar más equivocada.

Estaba a punto de convertirme en un escritor divorciado que escribía acerca de las relaciones; un comentarista radial divorciado cuyo programa trata acerca del matrimonio, de las relaciones y todas esas cosas del hogar, y estas eran de mi hogar. Estaba a punto de convertirme en un orador y predicador divorciado que trataba de inspirar a las personas para que mantuvieran la esperanza. Pero sentado en ese asiento del avión, dudé de que volviera a sentir esperanza. Estaba a punto de tener un divorcio público y sabía que la humillación y la vergüenza serían intensas. No estaba equivocado.

Todos esos lúgubres pensamientos se me presentaban ondulantes. Como las cumbres y los valles que se veían a más de nueve mil metros bajo el avión. Las cumbres cubiertas de nieve eran un recordatorio de que dentro de poco me estaría reuniendo con dos extraños para una cena unas dos horas después que mi vida había tomado un cambio agudo y doloroso. Presentarme para aquella cena con los Bevere sería el primer milagro que experimentaría en mi camino hacia la sanidad.

Noche concebida por Dios

Aterrizamos y tuve que hacer un esfuerzo para evitar el cancelar la cita de la cena. Pero nos había tomado meses el planearla, de modo que continué con el plan de la noche. Los Bevere me recogieron en el Glen Eyrie, un castillo convertido en un hotel administrado por un ministro. De inmediato me sentí seguro con ellos. Escuché sus historias de servicio a Dios, de luchas personales y de una intimidad cada vez mayor entre los dos. Después de la cena hablamos de sus libros y de cómo comenzar un movimiento entre los jóvenes que se crían en hogares donde todos los dones del Espíritu se experimentaron. Hice lo mejor que pude para concentrarme pero era obvio para ellos que otra cosa había en mi corazón. No había un elefante en la sala del que nadie hablara; el elefante estaba sentado a nuestra mesa. Lo que yo no sabía era cómo sacarlo a la luz.

Alguien pudiera decir que fue una coincidencia lo que ocurrió después pero no lo veo de esa manera. Víctor Oliver habría estado al principio de mi lista de personas a quien hubiera puesto en el restaurante aquella noche que pudiera ayudarme y consolarme. Víctor es un hombre extraordinario con una fe profunda y una gran relación con Dios. Tiene la fortaleza interior de un gigante, combinada con un espíritu apacible y la sensibilidad que tienen pocos. Él publicó mi primer libro en 1984. Nos presentó a los padres de Madeline y facilitó su adopción. Es un gran hombre y por alguna razón extraña él estaba en Colorado Springs y no de vuelta a su hogar en Georgia, y por alguna razón estaba en el restaurante aquella noche.

Vi a Víctor pasar, pedí excusa para levantarme de la mesa y le conté de los acontecimientos de las últimas semanas y de la llamada telefónica. Él me consoló, me aseguró que Dios estaba allí para ayudarme y que me ayudaría a andar por esa senda. Me abrazó y me dio el valor de volver a la mesa y contar lo que estaba pasando con mi vida. Ese hombre de oración dijo que yo estaba al principio de su lista. No se avergonzó ni me rechazó. Como siempre, era un poder sanador eficaz en mi vida.

Víctor se fue y volví a sentarme y abrí mi corazón. Los Bevere estaban conmovidos pero parecía como si hubieran estado preparados para esa noche. Lisa tuvo un sueño acerca de nuestra cena y sabía que algo no andaba bien. Conversamos por un rato y luego me llevaron de vuelta al hotel para orar por mí. Creo que deben de haber estado allí durante casi una hora, orando conmigo y orando por mí.

Pidieron específicamente que yo no me amargara. Pidieron el perdón, ya fuera una reconciliación posible o no. Oraron para que yo perdonara a todos los que tenían algo que ver de modo que no me sintiera atado a ese horrible momento de por vida. Fue una intervención sobrenatural y a partir de entonces he tenido un corazón perdonador que no puedo explicar. Pude expresar enojo y experimentar las profundidades de la desesperación pero sobre todo eso hubo un corazón perdonador. Con la ayuda de los Bevere, tomé mi primera decisión sanadora; la decisión de perdonar.

Su viaje hacia la sanidad

Ese fue el comienzo de muchas decisiones que tuve que tomar para experimentar la sanidad de mi divorcio. Sigo aún tomando esas decisiones hoy y las tomaré cada día de mi futuro. A lo largo de este libro le contaré acerca de eso. No siempre he tomado las mejores decisiones. He tropezado con esto como he tropezado en el resto de mi vida pero Dios ha estado conmigo todo el tiempo, cuidándome y dándome esperanza y sanidad

INTRODUCCIÓN

donde no había ninguna. Este libro trata algo más que de mi divorcio. Trata del divorcio de usted o de su pérdida o de su maltrato o su abandono. Trata de la repugnancia que ha sentido ante cualquier crueldad que se haya cometido con usted. Trata del aislamiento que ha sentido del abandono por la persona que parecía buena para el mundo exterior pero que era un monstruo para usted en el hogar. Trata también del maltrato o el descuido que ha cometido usted con otros. Es acerca de los sueños destruidos y las esperanzas perdidas con los que vive ahora. Este libro trata de su sanidad y de las decisiones que tiene que tomar para experimentar la sanidad que Dios tiene para usted.

Pudiera usted haber tomado este libro al comienzo de su viaje sanador. Me alegro de que lo haya hecho, ya que usted está buscando sanidad antes que la mayoría. Espero que esto lo lleve a través del proceso con la sabiduría que pudiera no haber experimentado antes. Pido a Dios que, aunque no he llevado una vida perfecta, mientras la cuente le dé a usted alguna dirección definida y le señale rumbos que le ayudarán. A diferencia de algunas sesiones de terapia, durante las cuales usted tiene que adivinar lo que es importante resolver, quiero ayudarle a tratar las prioridades de la sanidad.

Pudiera llevar años en su viaje sanador. En realidad, pudiera estar hoy más lejos de la sanidad que cuando comenzó hace años. Si así es, quiero ayudarle a darle una nueva dirección a su vida. Voy a confrontar algunas de las mentiras que se está diciendo a sí mismo y usándolas para permanecer en un estado de dolor y tristeza. Voy a usar diez elecciones para ayudarle a sacarlo de la ruta donde lleva una vida muy diferente de la vida que Dios lo ha llamado a llevar. No son decisiones fáciles pero todas le ayudarán a experimentar cualquier sanidad que Dios permita en la vida suya.

La decisión que casi todo el mundo toma

Estaba hablando de esas elecciones a un grupo de mujeres que estaban luchando con algunos aspectos del dolor o del sufrimiento. Bosquejé todas las elecciones posibles, esperando inspirarlas para que al menos dieran un pequeño paso más allá de donde estaban aquel día. Quería que le pidieran a Dios que les diera algo y todo lo que Él tenía para ellas. Cuando se terminó, una joven encantadora se me acercó y me contó de la deprimente noticia de que ella tenía esclerosis múltiple. Todavía estaba lamentándose por sus limitaciones y el efecto que la enfermedad tendría en su familia y en ella. Entonces me dijo algo que la hizo la excepción de lo que la mayoría de las personas hacen cuando están en medio de la enfermedad y la desesperación. Me dijo que nunca había pedido a Dios que la sanara; nunca se había arrodillado para pedirle a Dios que le quitara la enfermedad, por su bien o por el bien de su familia.

Era difícil para mí creer esto, porque esa es la única decisión que casi todo el mundo toma. En realidad, esa es la única decisión que muchas personas toman pero ella simplemente no pudo tomarla. ¿Por qué? Porque ella no podía soportar el rechazo. Ella había experimentado el rechazo de su padre terrenal y no podía soportar la idea de experimentar el rechazo de su Padre celestial si le pedía que la sanara y no lo hacía. En realidad ella era la excepción de casi todo el mundo que he conocido. La exhorté a que hiciera lo que casi todo el mundo hace: Por lo menos pedirle a Dios que la sanara pero yo no quería que ella dejara de hacer esa petición. Era posible que nunca experimentara la sanidad. Si ese fuera el caso, yo no quería ser el fin del proceso de sanidad para ella; lo ha sido para muchos.

Trabajo con hombres que están enviciados con el sexo y que luchan con la lujuria y oigo la excusa más pobre de por qué siguen luchando. La mayoría de las veces es porque han hecho

INTRODUCCIÓN

solo una cosa para sanar sus almas vacías. Lo único que han hecho es pedirle a Dios que elimine su problema. Oigo cómo cada día sienten la misma urgencia y le ruegan a Dios y a veces le piden a Dios que quite el dolor y elimine los deseos. A falta de la intervención de Dios en la historia y deshaciendo milagrosamente lo que se ha hecho en el proceso durante años, no hacen otra cosa. Creen que es suficiente pedirle a Dios que lo quite, o lo usan como excusa para no hacer nada más.

Pudiera haberse hallado haciendo lo mismo. Pudiera haberle pedido a Dios que controlara su peso, quitara algunos deseos, cambiara a su esposo, transformara la vida de usted, mejorara a los niños, aliviara su dolor o cualquier otra cosa que haya estado perturbándolo. No hay nada malo en pedirle a Dios. En realidad, Dios nos dijo que a veces no tenemos algo porque no lo pedimos. Si está estancado solo en pedirle a Dios que lo sane o que quite la lucha, entonces tengo que hacerle la pregunta que Jesús le hizo a un hombre hace dos mil años.

Un hombre, un lecho y una cuestión de decisión

Me encantan las historias bíblicas que tienen un mensaje oculto que, cuando se descubre, arroja nueva luz sobre mi propia vida. Una de mis historias favoritas está en el capítulo cinco del Evangelio según San Juan. Es la historia de Jesús visitando un lugar donde la gente, centenares de personas, estaban enfermas, ciegas, cojas y paralíticas. Estaban en Betesda, un estanque en Jerusalén cerca de lo que se conocía como la puerta de las ovejas. Esas personas estaban acostadas alrededor del estanque en espera de experimentar la sanidad. Se suponía que el agua sería agitada y el primero que entrara en el estanque sería sanado. Una de las cosas que me encanta de esa historia es que Jesús estuvo callado largo tiempo. Se le conocía por sus milagros, sus sanidades y su enseñanza radical. Él podía haber estado en cualquier otra parte hablando con cualquier persona en el planeta gracias a su fama y al hecho de que Él era Dios en forma humana. Tenía absoluto acceso al Todopoderoso pero antes de estar con quienes estaban en la cima, estaba allí en el estanque con los desposeídos que no tenían nada mejor que hacer que estar acostados junto al estanque esperando un movimiento milagroso.

El olor a carne podrida y a enfermedad es probable que provocara un vómito en muchas personas pero Jesús decidió estar allí. Me encanta eso de Jesús.

Puedo apenas imaginarme el espectáculo de aquellos desesperados con heridas supurantes y cuerpos atrofiados. Los sonidos de quienes se quejaban de dolor y gritaban en agonía debe de haberlo hecho el peor lugar para ir. El olor a carne podrida y a enfermedad es probable que provocara un vómito en muchas personas pero Jesús decidió estar allí. Me encanta eso de Jesús.

Jesús se acercó a uno de los enfermos que estaba acostado junto al estanque aquel día. Ese no era un hombre que hubiera oído del estanque sanador y que viajara de una ciudad remota en busca de una sanidad instantánea. Ese hombre era residente permanente de la comunidad alrededor del estanque; había estado allí treinta y ocho años. ¿Puede imaginarse la desesperación de una vida no vivida, invertida, acostado junto a un estanque que nunca traía sanidad? Treinta y ocho años perdidos en busca de algo que nunca sucedió mientras trataba lo mismo una y otra vez sin absolutamente resultado alguno.

Entonces, aquel dichoso día, Jesús fue directamente a su lecho y le hizo una asombrosa pregunta que quiero hacerle a usted. Jesús no lo sanó simplemente. No suponía que el hombre quisiera ser sano después de treinta y ocho años pasados como inválido. En vez de eso, Jesús le preguntó: "¿Quieres ser sano?"

INTRODUCCIÓN

El hombre tenía la opción de ser sanado o no. Tenía que haber un deseo en su voluntad. Pudo haber decidido seguir sin sanidad para siempre y pudo haber algunas razones para eso. Pudo haber querido seguir sin ser sanado para poder seguir acostado allí, o pudiera haber estado acostumbrado a pedir y sabía que pedir era más fácil si tenía un grave problema de salud. Pudiera haberse sentido cómodo en su papel de marginado social. Pudo haber usado su enfermedad para apartarse del mundo y de otras presiones de la vida. Hay muchas razones por las que hubiera no querido ser sanado, aunque Jesús estuviera ofreciendo sanarlo. Jesús se tomó el tiempo de preguntarle si quería ser sano en vez de acercarse y sanarlo allí mismo.

Preguntarle a un hombre que ha estado enfermo por treinta y ocho años si quiere ser sano no es una pregunta extraña. He trabajado con muchas personas a través de los años que pudieran haber experimentado la sanidad pero la rechazaron. Si Jesús les hubiera preguntado si querían ser sanos, pudieran haber dicho que no. Algunos de ellos siguieron con sobrepeso porque eso tenía algunos beneficios que no querían perder. Prefirieron la obesidad a la salud porque les gustaba la invisibilidad; nadie les presta atención como gordos. Nadie hablaba con ellos ni mostraba interés en ellos y eso los hacía sentirse cómodos y seguros.

Otros optan por seguir siendo gordos porque eso los protege. Sufriendo abusos deshonestos cuando niños y el ser gordos impide que se conviertan en objeto del deseo de alguien. O a falta de la fuerza de establecer barreras, su peso les daba una frontera portátil que pocos querían cruzar. En realidad, su peso no era una frontera, sino un muro protector, de modo que optaban por seguir siendo gordos. Los beneficios para ellos eran demasiados para optar la senda de la sanidad.

Conozco a viciosos sexuales que han rechazado la sanidad. Sabían que estaban enfermos. Sabían que habían destruido su carácter, su respeto, sus matrimonios, sus empleos, sus relaciones con Dios, e incluso su salud. Sabían todo eso pero decidieron aferrarse a seguir enfermos. Se negaron a tomar las decisiones que los viciosos sexuales toman cuando optan por ser sanados y sentirse bien. La intensidad y la falta de relación con el vicio siguió siendo un atractivo más fuerte que la esperanza de la intimidad auténtica y una relación amorosa, así que decidieron seguir enfermos.

He hablado con esposas de alcohólicos que se negaron a ser sanados. Las mujeres estructuraron su vida alrededor del alcoholismo de su esposo y vivían en reacción a lo que el esposo hacía y a cuán malo era. No tenían vida propia, sino la vida de encubrir a su hombre enfermo. Esas bienintencionadas mártires mantenían a los alcohólicos dándole al trago y se mantenían ellas mismas al margen de la vida mientras trataban de controlar lo incontrolable. Se perdieron y se negaron a tomar algunas decisiones sanadoras que pudieran haberlas llevados de vuelta a la vida que Dios tenía para ellas. Decidieron seguir siendo las mismas. Optaron por permanecer en sus lechos, en el estanque de la compasión de sí mismas y en su vergüenza en vez de levantarse y andar por la senda de la sanidad.

Conozco a mujeres que fueron cruelmente maltratadas cuando eran niñas. Conozco mujeres que fueron repetidas veces violadas por sus padres y guardaron silencio durante años. El abuso fue horrible y su enojo y su amargura estaban justificados. No querían separarse de eso y ninguna los culpaba pero seguían afectadas por el abuso deshonesto años después.

No estaban dispuestas a dar los pasos de sanidad para que el abuso deshonesto se volviera solo parte de su vida, no el factor dominante. Ellas decidieron seguir aferradas a la amargura y se negaron a ser sanadas, para que el abusador siguiera influyendo en ellas y las mantuviera estancadas. Aunque parecía imposible, pudieron haber hallado sanidad.

Usted pudiera ser una de esas personas que ha optado por

INTRODUCCIÓN

seguir como está en vez de ser sanada. Pero ahora está leyendo un libro acerca de las diez decisiones que pudieran llevarlo por una senda distinta. Hoy es diferente para usted; usted está al fin interesado en arriesgarse a llevar una vida diferente. Usted quiere saber qué hacer y cómo hacerlo, o al menos siente la curiosidad de saber si alguien pudiera tener alguna esperanza que brindarle.

Me alegro de que usted esté al fin, en ese lugar y haya escogido este libro como un paso hacia la sanidad. Estoy seguro de que, si eso es lo que usted desea, va a experimentar algún nivel de sanidad de las elecciones ofrecidas aquí. Su sanidad pudiera ser física o pudiera ser emocional y pudiera ser espiritual. No sé lo que Dios tiene para usted. Sin embargo, confío en que, si usted toma las decisiones sanadoras presentadas aquí y considera las mentiras que tiene que dejar de vivir, experimentará algún nivel de sanidad a un nuevo grado.

Cuando Jesús se encontró con el hombre en el estanque de Betesda, le preguntó si quería ser sano. Afortunadamente, el hombre sí quería ser sano y cuando Jesús le dijo que tomara su lecho y anduviera, lo hizo. Fue sanado después de treinta y ocho años. ¿Cuánto tiempo ha sido para usted?

No sé cuánto tiempo ha luchado usted pero sé esto: Es tiempo de que recoja su lecho y ande, o recoja su lecho y llore, o recoja su lecho y vaya a una reunión, o recoja su lecho y tome su medicina, o recoja su lecho y ayude a otra persona, o recoja su lecho y pronuncie una sencilla oración de entrega para tomar la senda hacia la sanidad. Es tiempo de que recoja su vida y experimente todo lo que Dios tiene para usted. A fin de hacer eso, pudiera tener que hacer algunas cosas que lo sacarán de su ámbito natural y lo empujarán a lugares adonde no quiere ir.

No sé cuánto tiempo ha luchado usted pero sé esto:
Es tiempo de que tome su lecho y ande.

Extraños pasos hacia la sanidad

No sé de nadie que no quiera que su sanidad sea instantánea y fácil. A todos nos gusta el arreglo rápido y la solución instantánea. Vivimos en un mundo de ritmo acelerado y queremos que el ritmo de transformación ande a la par. Nos gustaría que Dios diga que estamos sanados para que podamos continuar con nuestra vida. Le decimos a Dios y nos decimos a nosotros mismos que, si ese problema desaparece, pudiéramos cambiar el mundo o cambiar a nuestra familia o al menos cambiar nuestras actitudes. Si eso es lo que está esperando, es probable que esté perdiendo el tiempo. Todos lo queremos de esa manera pero casi nunca sucede de ese modo.

Los caminos de Dios no son nuestros caminos. Sus caminos trascienden el razonamiento humano y no sabremos por qué Dios decidió que ciertas cosas ocurrieran del modo que ocurrieron hasta que lleguemos al cielo, si llegamos allí. Llegamos a creer que Dios quiere que seamos sanados de modo instantáneo y a veces lo exigimos pero por lo general ese no es el caso. Dios rara vez proporciona una solución instantánea para nuestros problemas, porque eso hace poco por cambiar nuestro corazón o cultivar nuestro carácter. Como resultado, nos atascamos en nuestras vidas difíciles o al fin decidimos hacer las cosas a la manera de Dios, o al menos llegamos a creer que nuestro camino pudiera no ser el mejor. El hombre enfermo que esperó treinta y ocho años junto al estanque perdió gran parte de su vida. Pero el esperar pudiera no haber perdido toda su vida. Pudiera haber perdido la de usted. Tal vez esté pensando que es tiempo de que recoja su lecho y ande, y vuelva a vivir de nuevo. Hay prueba en la Biblia de que Dios a veces ofrece una senda extraña hacia la sanidad que es fácil de resistir o de rechazar. La historia de Naamán que se encuentra en 2 Reyes, capítulo 5 es un ejemplo de cuán fácil es dudar de que el camino de Dios

INTRODUCCIÓN

sea el mejor. Naamán era un general muy respetado que había llevado a la victoria al ejército del rey de Siria. En realidad, Dios le había dado la victoria. Naamán tenía un problema vergonzoso; era un leproso. Lucas 4:27 nos dice que ninguna persona de aquella época había sido sanada de lepra. Naamán quería ser la excepción.

Afortunadamente para Naamán, la sirvienta de su esposa sabía del profeta Eliseo de Samaria y sabía que podía sanar a Naamán. Cuando Naamán oyó hablar de Eliseo, fue a ver al rey y le preguntó si podía ir a visitar al sanador. El rey estuvo de acuerdo y escribió una carta para el rey de Israel. Naamán salió con la carta, 750 libras de plata y 150 libras de oro para conocer a Eliseo. Debe de haberse desalentado un poco cuando el rey de Israel leyó su carta y se enojó porque pensó que era algún tipo de ardid. Eliseo supo de Naamán y de la carta y le pidió al rey que le enviara a Naamán.

Naamán llegó frente a la casa del profeta de modo espectacular, esperando verlo cara a cara, solo para ser saludado por un simple mensajero que le dijo que se lavara en el pantanoso río Jordán siete veces si quería sanarse. Naamán, en vez de sentirse emocionado de tener un plan, se volvió loco como una cabra. Pensó que sería sanado de inmediato, con el solo movimiento de una mano. Siete zambullidas en un río sucio era demasiado pedir. ¿Puede creerlo? Nadie había sido nunca sanado de lepra y en vez de sentirse agradecido por un plan, se negó a seguirlo. Al menos se negó hasta que sus amigos lo convencieron de que probara.

¿Es usted como Naamán? ¿No está dispuesto a probar lo que Dios ha preparado para usted como la senda hacia la sanidad? ¿Piensa que merece un mejor plan? ¿Tiene su propio plan que quisiera que Dios adoptara? Si Naamán hubiera seguido exigiendo su propio método y se hubiera negado a probar el método de Dios, se habría perdido la sanidad que Dios tenía para él. Él tenía que aceptarlo o rechazarlo.

Usted está en la misma situación ahora: Puede optar por seguir el plan de Dios, o puede rechazarlo y seguir su propia senda. Eso está en sus manos. Naamán se apartó de su propio deseo y le dio a Dios una oportunidad. Es probable que no fuera divertido meterse en el agua y salir de ella siete veces. Lo más probable es que no tuviera sentido alguno para él pero lo hizo y su piel estaba prácticamente nueva, como la piel de un bebito. Como Naamán hizo lo que Dios quería que hiciera, fue la única persona de su época en su tierra que fue sanada de lepra.

Dios pudiera sanarlo a usted de inmediato, tal como pudo haberlo hecho con Naamán pero tal vez esa no sea la senda que Dios ha escogido y por eso usted está leyendo este libro. No se desanime. No pierda la esperanza. Dios no se ha dado por vencido con usted, así que no se dé por vencido con Dios ni con su plan. Recuerde que Dios le dio a Naamán victoria militar; Dios favorecía a Naamán. Dios le dio sanidad a Naamán, solo que no de la manera que Naamán se había imaginado.

No lo conozco a usted pero sé que Dios lo ha favorecido. De tal manera Dios lo ama que quiere lo mejor para usted. Él también quiere saber si quiere lo que es mejor para usted. Usted quiere tanto lo mejor que está dispuesto a abandonar lo que es cómodo y predecible pero que no es lo mejor de Dios. De un modo extraño Dios está delante o dentro de usted preguntándole si quiere ser sanado. Él le pregunta si está dispuesto a abandonar sus viejos caminos para tomar los caminos de Dios. Espero que su respuesta sea positiva. Si es así, creo que hay diez decisiones que Dios quiere que tomemos todos los que deseamos sanidad.

Ninguna de esas decisiones es fácil pero todas ellas pueden transformar la vida. He estado invitando en los últimos veinte años a muchos que luchan a que las tomen. Espero que usted decida tomarlas. Si las toma, ellas lo guiarán por la senda hacia la sanidad que Dios tiene para usted. Si está sufriendo una enfermedad física, espero que esas decisiones lo lleven a la sanidad. Si Dios no da sanidad física, sé que hay nuevos niveles de sanidad de las emociones, de las relaciones y del espíritu a disposición de usted. Mi oración ahora mismo es que cualquier nivel o esfera de la sanidad que Dios tenga para usted, pueda tomar las decisiones valerosas que necesita para experimentar todo lo que Él tiene para usted.

La sanidad es una elección. Es la elección de Dios pero hay decisiones que debemos tomar si deseamos experimentar cualquier sanidad que Dios tenga para nosotros. Espero y pido a Dios que este libro le proporcione elecciones que transforman la vida. Espero que este sea el comienzo de la sanidad, de la transformación y de vida nueva para usted. Estoy tratando de ayudarlo, orando y pidiéndole que se me una en el viaje de toda una vida. Espero que un día usted piense en el pasado y diga que todo comenzó aquí mismo, cuando estuvo dispuesto a tomar las decisiones que debía tomar para ser sanado.

¿Quiere ser sanado? ¡Diga que sí y siga leyendo!

I

La primera elección:
La decisión de relacionar su vida

La primera gran mentira:
"Lo único que necesito para sanarme es solo Dios y yo".

La historia de Raquel

La historia que sigue es verdadera, hasta en los últimos detalles. Es la de una mujer que pidió que se cambiara su nombre solo para que quienes tuvieron algo que ver con ella no sepan que su historia está en este libro. Ella es un asombroso ejemplo de alguien que tomó la decisión sanadora de la relación. La llamaré Raquel. Un adolescente miembro de la familia abusó sexualmente de Raquel cuando ella tenía unos siete años de edad. Ella piensa que la violación ocurrió muchas veces a lo largo de un año. Cuando terminó el abuso deshonesto, quedaron algunos de los recuerdos y casi todo el sentido de culpa. Ella se culpaba a sí misma y sentía demasiado miedo para contarle a alguien, de modo que vivió sola con la muchísima culpa y vergüenza que se le había infligido. Raquel nunca pudo olvidarlo por completo pero pudo liberarse de muchas de las emociones que nunca había resuelto. Eso le ayudó a sobrevivir cuando el violador se presentaba y se relacionaba con ella en las reuniones familiares. Durante esos momentos ella se decía a sí misma que todo había terminado y que no necesitaba pensar más en eso. Cuanto más tiempo pasaba, tanto más trataba Raquel de decirse a sí misma que no había que hacer nada porque eso había sucedido hacía mucho tiempo.

Pensamientos y recuerdos resurgían a menudo pero ella aprendió a quitar los pensamientos de su mente y concentrarse en otras cosas. Ella también se concentró más en "apretar las clavijas" en su mente para que la vergüenza del "secreto" no se supiera y las cosas malas que habían sucedido nunca ocurrieran otra vez. Si se esforzaba, pensaba que podía protegerse de más dolor. Trató de borrar sus recuerdos, sus pensamientos y sus sentimientos. Su cuerpo no soportó bien la carga de su secreto. A una edad tan temprana, los dolores de estómago se convirtieron en su constante compañía.

Tome la decisión de relacionarse

Pasaron seis años de silencio y de secreto. Por último, pudo contarle todo a una amiga de su misma edad. Raquel le hizo prometer a su amiga que no se lo diría a nadie y ella nunca lo dijo. Raquel dijo que fue bueno poder hablar con alguien acerca de lo que sucedió y aunque sabía que no era culpable por completo, no dio ningún otro paso hacia la sanidad en ese momento. Después de todos aquellos largos años de aislamiento, finalmente tomó la decisión de sanarse. Ella había tomado la decisión de relacionarse con otra persona y contarle el secreto. Fue un comienzo. Cuando Raquel tenía dieciséis años, tomó otra valiente decisión de sanar. Hizo algo que prometió que nunca haría. Le contó a su mamá lo que había sucedido. Cuando fue presionada por la madre para que le diera detalles, actuó como si fueran más vagos recuerdos de los que en realidad eran. Ella no pudo decirle a su mamá específicamente lo que el muchacho le había hecho. Su mamá se sintió muy turbada y molesta por la información que Raquel le dio pero trató de evitar el afrontar la realidad de todo eso y lo descartó como algo que había sucedido hacía mucho tiempo. Más tarde Raquel se enteró de que su mamá se había preguntado si todo el incidente había sido inventado, ya que Raquel era una niña muy imaginativa.

La madre de Raquel también cometió otro error. Ella pensó que eso no había sucedido nunca o que no había sido tan perjudicial, ya que Raquel parecía muy feliz y saludable. El darle poca importancia al incidente no ayudó al proceso de sanidad para Raquel pero eso no impidió que Raquel siguiera tomando la decisión de relacionarse.

Abra la puerta a la ayuda profesional

Dos años después, Raquel se graduó de la escuela de segunda enseñanza y asistió a una universidad cristiana de su ciudad. Durante un trabajo de verano después de su primer año universitario, le contó su pasado a una buena amiga con quien trabajaba. Esta vez el que Raquel se relacionara dio buen resultado. La amiga le dijo que conocía a otras que habían sido violadas. Ella le dijo que esa terapia les había ayudado mucho, de modo que Raquel comenzó a pensar en recibir alguna terapia y se lo dijo a la madre. Su madre se mostraba contraria a la terapia. Dudaba de que eso ayudara o de que incluso fuera necesario. Tampoco le gustaba la idea de no saber qué pudiera querer una consejera que Raquel hiciera. En términos generales, la madre se atrincheró en su idea de no "mecer el bote" y la persuadió de que no siguiera pensando en eso. Aunque su mamá una vez más trató de arrancar a Raquel de la senda hacia la sanidad, la decisión de Raquel de relacionarse y sanar no terminó allí.

Un buen amigo de la escuela llegó a ser el novio de Raquel al final de su primer año en la universidad. En el otoño de su segundo año, se comunicaban constantemente por el correo electrónico.

Aunque se veían todos los días, también intercambiaban cartas electrónicas, lo que les permitía conocerse mejor el uno al otro. Mientras escribía su mensaje un día, Raquel abrió una parte muy profunda de su corazón y contó cómo en realidad no se amaba a sí misma. Envió el mensaje y caminó por los pasillos de la universidad comprendiendo con cada paso cuán ciertas habían sido aquellas palabras. Pensamientos del abuso pasado volvieron a su mente y trató de convencerse, como había hecho tantas veces antes, de que "eso sucedió hace mucho tiempo, ¿por qué pensar en eso ahora?" El problema era que esta vez no dio resultado.

Raquel estuvo tratando de empujar los pensamientos y los recuerdos al fondo de su mente pero eso no daba resultado. Cuanto más trataba, tanto más intensos se volvían los pensamientos y las emociones. Ella tenía algunas tareas de qué ocuparse y exámenes para los cuales estudiar pero no podía concentrarse en otra cosa que en el abuso sexual que había sufrido. Ella decía que su mente se congeló como la pantalla de una computadora y no podía cerrarla. El resto del día se volvió un tiempo lleno de tormento mental que Dios usaría para su bien.

Aquella noche, Raquel sintió tanto dolor y confusión que estuvo dispuesta a hacer cualquier cosa. Se había ido al dormitorio de una amiga para conversar, solo para hallar la habitación vacía. Esperó durante algunos minutos y estaba a punto de irse cuando su amiga regresó de su trabajo a tiempo parcial. Raquel contó la historia de su horrible día y de su doloroso pasado. Su amiga la escuchó y después le dio algunos consejos prudentes. Le habló a Raquel de una consejera cristiana que con regularidad visitaba la universidad. La consejera tenía una escala móvil de honorarios y la universidad incluso ayudaría a pagar por las sesiones.

Raquel anotó el nombre y el número telefónico y dejó su mensaje en la grabadora del teléfono de la consejera. Se sentía muy nerviosa en cuanto a la primera reunión pero con la ayuda y el impulso de Dios decidió correr el riesgo y optó por primera vez por ponerse en contacto con un profesional que pudiera ayudarla.

Deje que corra el diluvio emocional

Para sorpresa de Raquel, las palabras casi salían solas. Dijo que experimentó al menos un momento en que le pareció que estaba separada de sí misma casi como observadora y vio con asombro la intensidad y diversidad de las emociones que parecían derramarse sobre ella. Después de una hora de revelación de sí misma, Raquel necesitó preguntarle a la mujer si pensaba que era necesaria una terapia. La consejera respondió: "¿Qué piensa usted?" Un momento después Raquel asintió con la cabeza y le dio gracias. Esa fue la primera de muchas sesiones regulares en lo que Raquel llamó darle al proceso de sanidad "su mejor posibilidad".

Gran sanidad y bien resultó para la vida de Raquel cuando la conexión entre consejero y paciente se hizo más profunda a lo largo de los próximos dos años. Se siente muy bien el hacer progreso en una esfera de su vida que había estado primordialmente cerrada al mundo, aunque fue difícil para ella tratar sus emociones sepultadas. La terapia y el proceso de sanidad fue una gran prueba en su relación amorosa pero fue también una bendición. Ella le contó la historia de su pasado a su novio, el primer hombre con quien hablaba acerca de aquella violación. Él nunca había tenido ese tipo de experiencia. Raquel vio su verdadero carácter con la prueba del tiempo y él fue un amigo fiel a lo largo del camino. No siempre él sabía qué decir pero era un buen oyente y se interesaba en la sanidad de ella. Ambos aprendieron muchísimo a lo largo del proceso.

Relaciónese mediante la confrontación

Ahora Raquel habla de su profunda gratitud a Dios y a todos los que se interesaron en su vida. A medida que aumentaba su paz y su alegría, también aumentó su valor. Durante el segundo semestre de su tercer año, estaba en realidad en un lugar en el proceso en el que podía confrontar al miembro de la familia que había abusado sexualmente de ella. Se programó la reunión con su consejera, su novio y la amiga a quien primero le contó la historia. Fue una reunión impactante que produjo otro nivel de sanidad.

Hoy Raquel sabe que hay todavía muchos aspectos que Dios quiere que ella resuelva y crezca. Ella siempre está dispuesta a recibir más terapia cuando sea necesario. Incluso la madre la apoya y ahora elogia su valor para tomar decisiones saludables. Su novio asistió a algunas de las sesiones de terapia con ella y finalmente fueron a ver al mismo consejero matrimonial. Han estado casados por más de cinco años.

Raquel dijo que Dios sabía lo que estaba haciendo cuando la llevó a buscar ayuda y sanidad. No puede imaginarse cómo sería su relación con su esposo si no hubiera hablado francamente con él del abuso y si no hubiera estado dispuesta a la terapia y a la sanidad. Bien, puedo imaginarme cómo sería eso. Me alegro de que Raquel decidiera relacionarse y optara por sanarse.

Cómo afrontar la gran mentira

La sanidad es una elección. Fue la elección de Dios para Raquel; para que la sanidad llegara, Raquel tuvo que optar por hacer una relación con el abuso en vez de aislarse y esconderse por culpa del abuso. Solo considere por un instante si ella hubiera escuchado alguna de las mentiras que impiden la sanidad: "Eso sucedió hace mucho tiempo". "Te va bien; ¿por qué buscar ayuda?".

LA DECISIÓN DE RELACIONAR SU VIDA

Hay muchas más, pero la más común de todas las mentiras que impide que las personas se relacionen con los demás o que les permita permanecer no relacionados es la mentira: "A quien único necesito es a Dios y a nadie más". Si Raquel hubiera guiado su vida basándose en esa mentira, habría sido un resultado muy distinto. ¿Cómo lo sé? Hablo con personas encasilladas en esa creencia casi todos los días.

La mentira de "solo Dios" es en realidad una forma de rechazo. Es una capa más ligera del rechazo. La capa más pesada solo dura algún tiempo. Usted puede solo convencerse a sí mismo y convencer a los demás de que no hay problema alguno por algún tiempo y entonces se filtra la realidad y las personas ven su situación tal como es. El rechazo rotundo parece insensato y usted tiene que retirarse. Entonces usted cede, admite que la vida no ha sido perfecta y que algo de eso pudiera haberse extendido a la edad adulta.

Usted está dispuesto a reconocer que hay algo que necesita atención. Admite que hay fuego pero rechaza el concepto del fuego. Reconoce algo pero niega que necesite atención de los demás. En vez de permanecer aislado en su propia cueva solitaria, saca la cabeza y busca a Dios, esperando que Él satisfaga toda necesidad y sane toda aflicción. Eso no sucede porque ese no es el plan de Dios. El plan de Dios es que nos relacionemos unos con otros para facilitar la sanidad en nuestra vida.

Si es como yo, en realidad usted no quiere que eso sea verdad. Quería hacerlo a mi manera. Yo no quería ser sincero. Temía más rechazo cuando dijera que había sido rechazado. Solo quería que me dejaran solo para afligirme por mi dolor y cualquier otra cosa que quisiera hacer cuando me encontré con esa nueva realidad tenebrosa que había venido sobre mí. Pero los fieles esfuerzos de otros me mantuvieron arrastrándome fuera de aquel foso tenebroso y se encontraron conmigo cara a cara.

La incómoda relación con los demás llegó a ser la relación

sanadora para mí y será lo mismo para usted. Pudiera tener muy buenas excusas para no relacionarse con los demás, pero Dios tiene muy buenas razones que son más poderosas que sus excusas si les permite usted que lo sean. Usted no puede leer lo que Dios tiene que decir acerca de la relación de unos con otros y convencerse de que Él quiere que afrontemos nuestro dolor, con Él y solamente con Él.

Usted no puede leer lo que Dios tiene que decir acerca de la relación de unos con otros y convencerse de que Él quiere que afrontemos nuestro dolor, con Él y solamente con Él.

La verdad de Dios para cada uno

Lo invito a que busque una Biblia y dedique unos minutos a permitir que la Palabra de Dios penetre en usted. He aquí algunos pasajes convincentes de que el método de Dios es que trabajemos los unos con los otros y estemos a disposición el uno del otro —relacionados— cuando buscamos sanidad. Busque la verdad de Dios:

- Romanos 12:5 nos dice que dependemos los unos de los otros como un cuerpo en Cristo.
- Romanos 12:15 nos dice que lloremos con los que lloran, cuando a menudo queremos llorar solos.
- Romanos 15:14 nos dice que nos amonestemos los unos a los otros, cuando queremos solo esperar y oír de Dios.
- 1 Corintios 12:25 nos dice que nos preocupemos los unos por los otros.
- 1 Tesalonicenses 5:11 nos dice que nos animemos unos a otros y que nos edifiquemos unos a otros.
- Efesios 5:21 nos dice que nos sometamos unos a otros, que quiere decir más que solo someternos a Dios.

- Efesios 4:2 nos dice que nos soportemos los unos a los otros, cuando tratamos de actuar como si no necesitáramos a nadie.
- Hebreos 10:24 nos dice que nos estimulemos unos a otros al amor y a las buenas obras.
- 1 Pedro 4:10 nos dice que nos ministremos unos a otros para que se comparta la generosidad de Dios.
- Santiago 5:16 nos dice que nos confesemos unos a otros lo malo que hemos hecho para que seamos sanados.
- Gálatas 6:2 nos dice que sobrellevemos los unos las cargas de los otros, cuando lo único que queremos hacer es llevarlas a Dios.

Una y otra vez vemos que la Biblia nos hace volver los unos a los otros. Observe todos los actos sanadores alentados por Dios. Observe cómo Dios nos dirige de vuelta los unos a los otros cuando lo que queremos es ocultarnos. Nos anima a profundizar nuestra relación con los demás con amor, devoción, confesión, estímulo, oración, hospitalidad, sumisión, bondad, perdón, servicio, consejo, aceptación y compañerismo. Nacimos para relacionarnos; eso nos sostiene y nos sana. El aislamiento es el camino de los insensatos. La relación es el camino de Dios.

Cómo hacer la relación

¿Ha tomado la decisión sanadora de relacionarse? ¿Pudiera la falta de relación o la superficialidad de su relación estorbar la sanidad que Dios tiene reservada para usted? De ser así, hay gran esperanza para usted. He conocido a muchos solteros desesperados que estaban desesperados y solteros porque nunca habían hecho el esfuerzo por aprender a relacionarse y muchos que habían aprendido a relacionarse pero solo en el aspecto sexual. He trabajado con muchas parejas casadas estables y satisfechas que no sabían lo que se estaban perdiendo. Sus matrimonios fueron estables, convenientes y funcionales pero no hubo gran intimidad porque no había relación profunda alguna. La relación es la primera decisión que ha de hacerse en el proceso de sanidad.

He trabajado con muchos que parecían relacionados y saludables pero en realidad andaban solitarios y aislados y se esforzaban por seguir adelante. Héctor era uno de esos que parecían andar bien por fuera pero no estaba relacionado con nadie de quienes lo rodeaban. Como estudiante universitario por fin se dio cuenta de que casi toda su vida había sufrido de aislamiento. Me dijo que en la escuela de segunda enseñanza participaba en casi toda actividad imaginable: Fútbol, banda, discurso, drama, consejo estudiantil, programas académicos; lo que usted pudiera pensar y él estaba allí. La gente siempre lo buscaba para el liderazgo, votando por él como presidente del cuerpo estudiantil, director de la banda y presidente de la clase. Se hablaba con frecuencia de qué buen cristiano era y cuán puro se mantenía. Pensaban que él lo tenía todo pero todo era una actuación pública.

Héctor había sido un vicioso de la pornografía desde que tenía once años y la vergüenza que sentía porque la gente pensaba que era tan bueno y espiritual lo llevó aún más profundamente a su mundo de fantasía y lujuria. Decía que: "Para que constara en acta, por lo general yo era una buena persona, siempre amable con los demás y tratando de ser el buen samaritano". Nunca había tenido una relación física con una muchacha. Se sentía totalmente solo. Tenía millones de "amigos" (él dijo que "conocidos" sería un mejor término), pero no tenía un mejor amigo que le ayudara con su problema.

El resultado fue un más profundo acercamiento a la pornografía y a la masturbación. Eso se convirtió en "sus amigos íntimos" porque eran lo único que lo hacía sentirse en la intimidad. Después de la graduación, estaba totalmente solo con sus pensamientos, aunque asistía a la universidad en la misma ciudad de su escuela de segunda enseñanza. Veía a muchos antiguos compañeros de clase todos los días pero seguía solo. Su vergüenza, sus hábitos y su secreto levantaban una pared que lo separaba de quienes pudieran haber ayudado en su sanidad.

Héctor me escribió semanas antes de que leyera *Every Man's Battle* [La batalla de cada hombre]. Escribió porque dejó de usar pornografía y de masturbarse. Se detuvo y con el fin de su vergüenza abrió la puerta a los demás. Comenzó a relacionarse como nunca se había relacionado antes. En el pasado había pedido que Dios lo ayudara y lo sanara pero la sanidad vino cuando detuvo la fuente de la falta de relación y comenzó a arriesgarse en la relación con los demás. No creo que Héctor habría experimentado sanidad si no hubiera hallado una manera de tomar la primera decisión de la sanidad, la decisión de relacionarse.

La razón de que la decisión de relacionarse sea la primera elección es que Dios quiere que las personas en su vida tengan los beneficios de las otras opciones. Las otras opciones no hacen ningún bien al ermitaño. Usted necesita a los demás y la separación que experimenta en su dolor los separa a ellos de usted. Así que debe dar un paso fuera de su cómodo ambiente y permitir que otros le ministren a usted y lo alimenten, sin que importe lo difícil que sea.

Lo difícil de la relación

La relación siempre fue difícil para mí. La razón era simple inexperiencia; no me crié cerca de ella. El otro día estuve hablando con mi mamá en cuanto a lo difícil que era que mi padre se relacionara con sus tres hijos. Su padre era la persona con menos relaciones que yo haya conocido. Mi padre no fue criado en un ambiente de muchas relaciones y tampoco yo lo fui. Nunca me atrajo alguien que estuviera relacionado. Iba en busca de personas difíciles y aisladas que parecían y actuaban como si no necesitaran de nadie. Su rechazo final de mi persona era prueba de que no me necesitaban, o al menos yo lo sentía de esa manera. Me atraían porque yo no tenía experiencia con personas que estuvieran relacionadas. Cuando sané, me encontré haciendo muchas relaciones. Ahora estoy casado no solo con una persona relacionada, sino que Misty es la persona más relacionada que haya conocido en mi vida. Ella está muy relacionada con su familia y ama mucho a sus amigas. Ellas hablan de su ministerio con ellas y ella cuenta cómo ellas han caminado por las sendas difíciles con ella. Es fascinante ver esa gran relación entre ella y su familia, sus amigos y su iglesia. Su iglesia es parte valiosa de su vida por las muchas relaciones que ella tiene allí. En nuestra luna de miel dimos con una habitación cerca de un montón de abono orgánico con un olor muy fuerte pero ella no quiso cambiarse porque había hecho relaciones con Taru, la muchacha que atendía nuestra habitación. Ese nivel de relación no era algo a lo que yo estuviera acostumbrado pero una vez que comprendí cuánto lo necesitaba, me atrajo.

La inexperiencia es el problema para algunos como yo. La experiencia es el problema para otros. Usted pudiera haber experimentado una relación y haberse sentido muy incómodo. Tal vez en la más profunda de las relaciones usted fuera traicionado o desilusionado. Alguien a quien amaba pudiera haberse vuelto contra usted y usted tomó la decisión de protegerse de otro ofensor. También la experiencia puede ser horrible si se relaciona con una persona dominante que únicamente lo quiere a usted para su propia comodidad y seguridad.

Hay muchas formas insanas de relación como lo son las dominantes o manipuladoras. Cualquiera que las haya experimentado aprende de inmediato a huir de las relaciones más profundas. Usted pudiera temer a lo desconocido o ser dominado y perderse de nuevo. El temor puede ser el mayor obstáculo para acercarse más y relacionarse. Muchos se aíslan porque temen la relación con los demás.

El muro protector del peso

Al trabajar con personas pasadas de peso y obesas, he visto la angustia de lo que el temor de la relación puede provocar. A menudo las personas han sido perjudicadas en los primeros años de la vida. No se sienten seguras y competentes para cuidar de sí mismas. No confían en sí mismas ni creen en sí mismas y temen a todos los demás debido al abuso de una persona. Así que poco a poco construyen un muro de peso que se convierte en su defensa contra el mundo. Encuentran invisibilidad en ser grandotes. La gente no les habla, no parecen notarlas o no quieren relacionarse con ellas cuando son grandotas. Se sienten bien siendo personas pesadas, aunque no les guste como lucen. El peso permanece hasta que puedan salir con valentía del aislamiento defensivo y volver a la relación saludable.

Hay otra gran motivación para no relacionarse: La vergüenza. Las personas que viven en la vergüenza no quieren que se sepa. Los pecados no perdonados del pasado las mantienen escondidas. Temen que, si las descubren, serán puestas a un lado. A través de los años la magnitud de sus pecados y maldades aumentan muchísimo. A menudo, cuando al fin quieren ser sinceras, lo mismo que las separaba de los demás se vuelve una excusa para relacionarse. Buscan a otros luchadores que trabajen con ellos para que los libre de su vergüenza. La vergüenza desaparece en la aceptación amorosa de la relación.

Si vive aislado debido a la vergüenza, quiero que sepa que Dios quiere que deje de ocultarse y vaya a los brazos de una comunidad sanadora. Dios puede perdonar y perdonará el pasado de usted y hay lugares donde las personas aceptarán su pasado, a pesar de todo. Puede llamar a 1-800-639-5433, y le ayudaremos a encontrar una de esas comunidades sanadoras (por favor, solicite ayuda en castellano).

> *Si vive aislado debido a la vergüenza, quiero que sepa que Dios quiere que deje de ocultarse y vaya a los brazos de una comunidad sanadora.*

Difíciles requisitos de la relación

Los requisitos de la relación son muy difíciles para muchos de nosotros. No imposibles, sino difíciles. Nos exigen que suframos por la pérdida de algunos sueños, que aceptemos la realidad como es y que nos acerquemos a los demás a pesar de nuestro dolor y decepción. Pienso en el dolor y la angustia que los padres de presos jóvenes deben sufrir cuando van un domingo a visitar a sus hijos que solo han cometido un desliz y que no alcanzaron las expectativas. El hacer ese viaje y relacionarse con ese hijo y tratar de establecer una relación no es tarea fácil. Es la más difícil de las tareas pero es un requisito si ha de haber esperanza para ese hijo una vez que salga. Sufro por los padres que quisieron lo mejor para sus hijos y soñaron con una familia saludable, solo para terminar con esperanzas frustradas y un dolor al parecer insoportable. Los padres tienen una gran decisión que tomar cuando un hijo se busca un gran problema. Pueden sentir compasión de sí mismos o tomar algunas decisiones para sanar a la familia y establecer una relación que sea real y auténtica por primera vez. Trabajé con una mujer que se encontraba en esa precisa situación. Me referiré a ella como Diana.

Diana tenía una hija especial a quien amaba mucho. Diana y su esposo vivían bien y soñaban con el día de la boda de su hija. Tenían grandes esperanzas para su niña amada después que se graduara de la universidad pero antes de que terminara en la escuela de segunda enseñanza, ella fue violada. El culpar a Dios por haber permitido que eso sucediera se volvió un ritual diario para Diana. Ella estaba tan enojada que apenas podía consolar a su hija. De inmediato Diana vio un cambio en su hija. Se volvió dura, rebelde y sin relación alguna con la familia. El dolor de Diana se intensificó.

Cuando pensaba que nada podía ser peor, su hija le dijo que estaba embarazada de su nuevo novio. Si quedaba algún sueño, quedó totalmente destruido con esa revelación. La hija tuvo el bebito, y todos vivieron juntos; el bebito, la madre, la abuela y el abuelo. Diana trataba de mostrar la mejor cara mientras lloraba en secreto casi todos los días.

El problema surgió cuando el padre del bebito quiso estar cerca. Era joven, inmaduro y no tenía buenos modales. Lo único que Diana quería era que tomara su plato y se lo llevara a la cocina. Se sentía resentida con ese muchacho, que acabó con sus sueños. Ella quería consejo en cuanto a cómo tratar con un muchacho que no era un buen miembro de la familia.

Le dije a Dania que ella tenía una gran oportunidad de relación. Una noche después de la cena, su esposo pudiera levantarse y mirar al muchacho y decirle: "Oye, toma los platos conmigo y vamos a lavarlos por las mujeres". Entonces el papá y el novio podían conversar de cosas diferentes. Podían comenzar a establecer una relación que reforzara el deseo del muchacho de ser parte de la nueva vida de su bebito.

Le pedí a Diana que <u>hiciera una relación, en vez de una corrección.</u> En primer lugar, ella tenía que abandonar sus sueños que jamás se cumplirían. Debía afligirse por la vida de su hija como la había planeado y <u>aceptar la realidad como era.</u> Una vez que Diana hiciera eso, podría crear una nueva familia y un nuevo sueño con plena satisfacción y felicidad pero solo si dejaba de aferrarse a lo que nunca sería.

SANIDAD ES UNA ELECCIÓN

Como en el caso anterior, la relación no solamente lo sana a usted, sino que también sanará a su familia. La sanidad brotará a su alrededor cuando cambie su manera de actuar, de protegerse sus derechos o corregir a otros a relacionarse con los demás. Usted da el ejemplo para los hijos y ellos difunden el virus de la relación a los demás. Se vuelve un modo de vida que fomenta la sanidad frente al viejo modo de la falta de relación que le quita a su alma el alimento de otros que es tan necesario para la sanidad.

Para que esa familia experimentara la sanidad, esa madre tenía que satisfacer algunos requisitos difíciles. Primero tenía que librarse de su orgullo y humillarse por el bien de su familia. Diana podía seguir sintiendo el orgullo de cómo debía ser su familia, o podía humildemente olvidarse de sí misma y aceptar la realidad de su familia. También necesitaba el valor de tratar de relacionarse con ese joven de una manera diferente. Debía tener el valor de enfrentarse a sus amigas y ser sincera con ellas aunque la rechazaran porque no había formado una familia ideal. También necesitaba perseverancia. Tenía que perseverar cuando no dieran resultados mágicos la primera vez que tratara de relacionarse. Tenía que perseverar cuando aparecieran otros problemas en el futuro.

La relación también exige amor desinteresado: Amar a Dios aunque Él no impidiera el dolor y la tragedia; amar a los demás como Dios lo amaría a usted y amarse a sí mismo porque usted es una valiosa creación de Dios. Esta clase de amor sana a las familias quebrantadas. Eso echa el cimiento para la relación y alimenta cualquier relación que haya. Esta clase de amor también lo motiva a rendirse ante la realidad que hay delante de usted. Nunca es fácil rendirse a Dios y permitir que Dios tome el control pero eso permite que el poder sanador infinito de Dios proporcione la senda hacia la sanidad y no nuestros finitos y fútiles intentos de control y manipulación. La sanidad es una elección y comienza con la decisión de rendirse al método de Dios y no al nuestro. De modo que, antes de seguir adelante en la senda de la sanidad, debemos cerciorarnos de que en realidad queremos el camino de Dios, no el nuestro.

Sabiduría de una niña de trece años

Siempre mi hija Madeline me asombra, ya sea que esté escuchando programas de radio, oyéndome hablar a los demás por teléfono o simplemente observándome como papá. Cuando cumplió los trece años, la llevé a una fiesta de bolos. Mientras Madeline y sus amigas esperaban su turno para tirar los bolos, prendí la cámara de vídeo y le pedí a cada una que le dijeran a Madeline lo que más les gustaba de ella. Me alegro de haber hecho eso por Madeline y por mí. Casi todas las niñas dijeron lo mismo. Dijeron que Madeline era una buena amiga; me encantó eso. También dijeron que tenía un gran sentido del humor; yo sabía eso. Después dijeron algo que significaba mucho para mí. Dijeron que daba buenos consejos. Me sentí sorprendido y realmente conmovido.

De vuelta a casa después de la fiesta, le dije a Madeline lo que me habían dicho sus amigas. Le dije cuánto me gustaba que diera buenos consejos y entonces le hice una pregunta: "¿Qué le dirías a una de tus amigas que tenga una mamá con quien sea difícil llevarse bien y que sea amable con su propio mundo y no con quienes rodean a sus hijas?" Ella dijo estas palabras: "Le diría que siguiera adelante y hallara una manera de relacionarse con ella de todos modos". Exclamé: "Madeline, ¡ese es un consejo asombroso! Eso es lo que decimos por radio. Eres tan sabia que no me asombra que tus amigas digan que eres una buena consejera. ¿Por qué no vas conmigo a la radio y das consejos a los jóvenes?" Me miró, hizo un gesto con los labios y me calló con una exclamación: "¡Papá!"

Muy bien, acepté su respuesta. Me asombraba que entendiera una de las más grandes verdades de la vida. Debemos relacionarnos con las personas aunque nos den muchas excusas para no hacerlo. Tenemos que hallar las grietas en sus muros de defensa y hacer que se abran con un sincero deseo de relación. Esa es una lección que quisiera haber aprendido cuando era mucho más joven. Es una lección que espero que todos aprendamos. Debemos relacionarnos si hemos de vivir una vida de sanidad.

Debemos relacionarnos con las personas aunque nos den muchas excusas para no hacerlo. Tenemos que hallar las grietas en sus muros de defensa y hacer que se abran con un sincero deseo de relación.

JESÚS FUE EJEMPLO DE RELACIÓN

Jesús nos mostró la necesidad de relacionarnos. Pasaba mucho tiempo no haciendo otra cosa que orar y relacionarse con Dios. Jesús también se relacionó con quienes lo rodeaban. Tenía una comunidad que lo apoyaba y acudía a ellos a menudo. Si alguien pudo haber defendido la posición de "solo necesito a Dios", habría sido Cristo pero Él no habló de esa manera ni vivió así. En el huerto la noche antes de su muerte es un gran ejemplo de la doble necesidad de la relación con Dios y con los demás. Jesús estaba en profunda oración con su Padre; pero quería que los demás velaran y esperaran con Él, algo que consideraban imposible. Jesús siguió adelante con la relación, cuando pudo haberse apartado de los demás. Él quería que los niños vinieran a Él. Le hablaba a las mujeres junto a los pozos que estaban "por debajo" de Él y que pecaban. Habló con hombrecitos subidos a los árboles para cenar con ellos. Tuvo compañerismo con los doce y comió con las multitudes. Fue adonde estaban los enfermos y allí se relacionó con ellos. Cuando envió a sus apóstoles a evangelizar al mundo, no los envió solos. Los envió en parejas, relacionados el uno con el otro. Haríamos bien en seguir el ejemplo que Cristo mostró reiteradas veces de la necesidad de la relación.

LA GRAN MENTIRA
"Lo único que necesito para sanarme es solo Dios y yo".

Nuestra tendencia es hacer cualquier cosa menos relacionarnos. Tendemos a aislarnos y lo hacemos de algunas formas muy sutiles. Mis buenos amigos y colegas, el doctor Henry Cloud y el doctor John Townsend, escribieron un libro innovador titulado *Límites*. Se ha vendido más de un millón de ejemplares de este libro y estuvo en la lista de los más vendidos durante años. Muchos han hallado esperanza y sanidad gracias a él. En *Límites*, Henry y John ayudan al lector a tomar algunas decisiones difíciles que a menudo resultan en que una persona recobre su vida. Ayudan a las personas a establecer lo que tienen derecho en las relaciones y qué hacer cuando alguien cruza indebidamente un límite. Ese enfoque es muy importante para las víctimas del abuso o para las personas con tan poca autoestima que no saben cuándo deben decir que no. *Límites* ayuda a las personas a aprender cuándo decir que sí y cuándo decir que no a fin de retomar el control de su vida. Pero por cada buen uso de un límite, hay un uso indebido del concepto que permite que algunas personas permanezcan sin relaciones.

Uno de los usos indebidos del concepto de límites ocurre cuando una persona aislada y sin relaciones levanta un muro en el nombre de un límite. Construye un muro en vez de mantener vigilado el territorio de su identidad. El muro es grueso y sólido y no permite que nadie entre. Con la excusa de protegerse, se encierra en un búnker impenetrable, donde están protegidas sus emociones y seguros sus secretos. No solo construye un muro, sino que construye cuatro sólidos muros atornillados que se convierten en un ataúd, en el que vive dentro; protegido, cuidado pero muerto.

Cada persona que alguna vez ha establecido un límite debe preguntarse si fue un límite saludable o un muro insano. ¿Llevaría eso a una relación más saludable o a impedir que tuviera lugar la relación? Si fuera esto último, la primera tarea de la sanidad es echar abajo ese muro. Quite las barreras entre usted y los demás y entonces comprométase en una relación que pudiera herirlo o descuidarlo pero que no permitirá que usted exista en un estado semicomatoso. Quiero aclarar que no estoy pidiendo que usted entre en una relación que sea enfermiza, sino que todas las relaciones exigen riesgo. Puede resultar herido. Puede sentirse que no han cuidado de usted. Pero si está bien relacionado con otros que están ayudándole a decidir acerca de la vida, su amor y sus relaciones, la probabilidad de un mal resultado disminuye mucho. Así que eche abajo los muros y edifique las relaciones.

Hay muchas formas en que vivimos la mentira de que debemos protegernos a toda costa de todas las personas para que no volvamos a sufrir. Una forma es guiar a otros mientras guardamos distancia. O aferrarnos a otros para que se esfuercen por mantener su distancia con nosotros. (Le llamo a eso el dilema del dominio y de la dependencia.) O expresamos una confesión exhibicionista que empuje a las personas hacia atrás y lejos de nosotros. Todas esas son formas de eliminar la relación cuando lo que necesitamos es que esta sea verdadera y profunda. Encontramos ese tipo de relación mutua al expresarnos y al querer contar la experiencia de los demás.

Debemos escuchar, recibir y sentir solidaridad mientras al mismo tiempo damos, contribuimos y alcanzamos el corazón de los demás. Cuando lo hacemos, la vida se presenta ante nosotros de formas que nunca antes conocimos. Si somos solteros, aprendemos que podemos relacionarnos sin el sexo y que el sexo nos impide que experimentemos el plan de Dios para la relación y el amor. Si estamos casados y somos estables pero no estamos relacionados, podemos dar el paso a un nuevo nivel de intimidad con nuestro cónyuge cuando vamos a trabajar en nuestra relación. Dondequiera que estemos en la vida, podemos acercarnos más a los demás y a Dios.

Las recompensas de la relación

Hay un sentido de seguridad y control en el aislamiento y la falta de relaciones pero es un falso sentido de seguridad. En realidad, el vivir solo no es seguro. Es una manera peligrosa de vivir, ya que hace que usted se pierda la verdadera vida y a las personas verdaderas y todos los beneficios y recompensas que acompañan esas relaciones. Usted puede comenzar a experimentar las muchas recompensas de la relación al dar un paso valeroso y salir del aislamiento.

Cuando usted decide relacionarse, decide llevar una vida según el propósito de Dios. Su existencia misma, la Trinidad, es un modelo de relación. Él concibió la familia, que es un conjunto de relaciones. Su iglesia existe y edifica su reino con las relaciones. Él ordenó el matrimonio como la relación suprema entre un hombre y una mujer. De modo que, cuando caen las barreras y usted trata de relacionarse, comienza a experimentar la vida como es el propósito de Dios. Aunque se sienta incómodo, comienza a sentirse vivo mientras busca niveles de relación más profundos con quienes están a su alrededor.

También usted puede experimentar el amor de Dios. Dios nos ama por medio de otros. Las personas se vuelven expresiones de su amor, con piel. Él usa a otros para moldearnos y hacernos las personas que quiere que seamos. Aislados, nuestro carácter tiene pocas posibilidades de cultivarse. Pero la relación nos brinda la oportunidad de ponernos a un lado para otra persona y ser más semejantes a la imagen de Dios.

La relación nos permite sentirnos aceptados. Le tememos al rechazo y pudiéramos sufrirlo pero si seguimos arriesgándonos en nuestras relaciones, un día seremos aceptados y reconocidos. Eso es sanar el alma de una manera que no conoceríamos nunca si seguimos solos. Hay una sensación de alivio cuando nos relacionamos. Eso llena los vacíos, proporciona las piezas que faltan, ya que estamos orientados hacia la relación con los demás. Necesitamos relación y ella nos sana; siempre nos permite movernos a las alturas de las emociones; a sentir el amor, la alegría y la esperanza.

Todo lo que pueda hacer para relacionarse, hágalo. La relación cara a cara es la mejor de las relaciones pero si la única manera que usted puede salirse de su casa es por la Internet, entonces busque algunos grupos seguros con los cuales relacionarse. Si usted es misionero en el lugar más remoto del planeta y no puede relacionarse profundamente con aquellos a quienes usted ayuda, el escribir y recibir cartas pudiera ser la única manera de relacionarse. De ser así, hágalo íntimamente. No permita que ningún límite sea una excusa para no relacionarse. Trate de formar una comunidad con distintos niveles de relación. Al final de la conexión hay apoyo y usted puede contar con que otros estén allí a disposición de usted cuando los necesite. Animan y consuelan en tiempos de necesidad. Al otro lado hay genuina intimidad, donde se expresa lo más profundo de sí mismo. En esa intimidad, usted siente un vínculo inquebrantable que se fortalece con el tiempo; a medida que usted crece, desarrolla muchos niveles de intimidad mediante el sentido del humor, la historia, los sueños compartidos y las alegrías comunes. Ese nivel de comunicación enriquece la vida.

De la relación a la comunidad

La relación se presenta en mucha formas. Usted necesita una

LA DECISIÓN DE RELACIONAR SU VIDA

creciente relación con Dios pero sabe que necesita más que solo a Dios para experimentar la relación. Requiere a muchas personas en su vida con diversos niveles de relación e intimidad. Cuando experimenta la relación con muy distintos tipos de personas, experimenta la relación colectiva, a la que por lo general se le llama *comunidad*. Vivir en comunidad significa que es parte de algo más grande que usted mismo. Es un miembro esencial y valioso de un grupo de personas con intereses y metas comunes. Busque por el mundo para hallar un lugar donde pueda experimentar la relación en comunidad. Pudiera encontrarlo en una iglesia, en algunos lugares de trabajo, en un pueblo pequeño, o en un vecindario. Se puede encontrar la comunidad, si la busca. Hace algunos años abrí mi casa para que nuestra comunidad fuera a verla de forma turística. Esa casa se construyó en 1928 y tiene un hermoso jardín y una vista al mar. Está dentro de una curva del camino y muchas personas caminan o corren por allí y saludan. Después del recorrido, decidí invitar a los vecinos para que oyeran música y pasaran un tiempo conversando para que se conocieran. Fue algo de mucho éxito. Había allí personas que habían estado en el vecindario durante años y conversaron y se sanaron las relaciones de todas ellas.

La gente habló de esa reunión durante meses, esperando reunirse muchas veces y ofreciéndose como voluntarios para darlas en sus propios hogares la próxima vez. Fue una simple aventura pero tuvo gran éxito porque las personas se sintieron parte de la comunidad. Se hizo una relación que nunca antes se había hecho. Hemos repetido esa actividad con los mismos resultados.

Creo que hay personas por donde usted vive que quieren relacionarse entre sí y con usted. Pudiera estar viviendo en un edificio y ser el punto de relación y establecer la comunidad para los que lo rodean. Pudiera estar viviendo en un asilo y ser la persona que asegure de que es una comunidad sanadora. En el trabajo pudiera comenzar una reunión de intercambio de ideas a la hora de almuerzo en determinado día de la semana. Esa reunión pudiera ser el comienzo de convertir su centro laboral en una comunidad de relaciones saludables. Dondequiera que se encuentre, pudiera ser el catalizador para la relación y la comunidad. Al decidir hacer eso, experimentará un nuevo nivel de sanidad y echará un sólido fundamento para más de lo mismo.

Pensamientos finales acerca de la relación

La decisión de sanarse mediante las relaciones comienza con nuestra relación con Dios. Comenzamos reconociendo que Él existe y que queremos una nueva o renovada relación con Él. Esta la formamos mediante el estudio de la Palabra de Dios, la meditación y la oración. Al estudiar la Palabra de Dios, podemos revitalizar nuestra relación cada día. En la oración podemos sustentar esa relación. Aprendemos acerca de Él, pasamos tiempo con Él y luego modificamos nuestra conducta para agradarle. El cambiar nuestra conducta, haciendo lo bueno la próxima vez y optando por hacer lo bueno son formas en que podemos fortalecer nuestra relación con Dios. Cuando vivimos más para Él y vivimos más para agradarle, experimentamos una conciencia creciente de su presencia y una íntima relación que nos lleva a través de los tiempos más difíciles con esperanza y a través de los mejores tiempos con alegría divina. Cerciórese de que su relación con Dios está en su debido lugar antes que pueda tomar cualquier otra decisión para sanarse. Cuando lo haga, las otras decisiones son más fáciles y más satisfactorias.

Si está cansado de dirigir su propia vida, huyendo de Dios y huyendo de los demás, considere lo que Dios promete cuando usted se relaciona con Él y confíe en Él. Jesús hizo algunas preguntas y dio una respuesta que transforma la vida:

LA DECISIÓN DE RELACIONAR SU VIDA

> ¿Estás cansado? ¿Agotado? ¿Cansado de la religión? Ven a mí. Ven conmigo y recobrarás tu vida. Te mostraré cómo disfrutar de un verdadero reposo. Camina conmigo y trabaja conmigo; observa cómo lo hago. Aprende los ritmos no forzados de la gracia. No pondré ninguna carga ni nada molesto sobre ti. Acompáñame y aprenderás a vivir con libertad. (Mt. 11:28-30, *El mensaje*)

El andar en la compañía de Dios es una excelente manera de vivir. Es una manera que trae consuelo y reposo y es la senda de la vida con libertad.

La relación con Dios es esencial para nuestra sanidad, pero no es suficiente. Debemos despojarnos de una mentalidad de "solamente Dios" y relacionarnos con otras personas. Con humildad, podemos comenzar un nuevo nivel de relación con los demás que es indispensable para el proceso de sanidad. Podemos relacionarnos con las personas y relacionarnos en la comunidad. Comunidades sanadoras como iglesias sanas, grupos de apoyo y programas de recuperación se convierten en el fundamento sanador sobre el cual se toman y se ejecutan todas las demás decisiones. No vaya demasiado lejos antes que pueda detenerse y decidirse a relacionarse con Dios. Entonces corra un riesgo saludable y relaciónese con otros que pueden ayudarle a sanar y a experimentar a plenitud la vida.

La sanidad es una elección. Es la decisión de relacionarse.

2

LA SEGUNDA ELECCIÓN:
La decisión de sentir su vida

LA SEGUNDA GRAN MENTIRA:
"Los verdaderos cristianos deben tener genuina paz en todas las circunstancias".

LA NIÑITA QUE NO PODÍA SENTIR

No hay muchas personas que verían el dolor como un don de Dios pero lo es. En realidad, es la cuestión del dolor de la que a menudo le preguntamos a Dios. Hay una creencia común de que, si Él es real y si Él nos ama, nos evitará el dolor. Casi todos detestamos el dolor y hacemos cualquier cosa por evitarlo y tenemos el derecho de hacerlo. Por su naturaleza misma, el dolor hace sufrir. Si somos saludables e inteligentes, tomamos las mejores decisiones posibles que nos aparten del dolor en nuestra vida. Otros hacen cosas insensatas que causan gran angustia afectiva y en lugar de sentirla, la niegan, hundiéndose en la bebida, calmándola con comida, o quitándola con encuentros sexuales. Enmascaran el dolor y tratan de quitarlo en vez de ir a su origen. En el proceso, ponen en tela de juicio la presencia y el poder de Dios por todo el dolor que han producido en su propia vida. A menudo verán el dolor como una maldición y no como un don.

La vida de Ashlyn Blocker es un estudio fascinante y muestra de modo conmovedor que el dolor es un don especial de Dios que nos protege. Ashlyn no puede sentir dolor. Sus padres sabían que algo no andaba bien cuando ella ponía la mano sobre un objeto caliente y no sentía nada. Ashlyn se quedaba mirando su mano enrojecida, pero no lloraba y su mamá sabía que tenían un problema.

Cuando le salían sus dientecitos, Ashlyn despertaba con los labios hinchados y ensangrentados al masticarlos mientras dormía. Mientras comía sin saberlo se mordía la lengua. Había que enfriar su comida porque ella no podía decir si estaba demasiado caliente. Ponían cubitos de hielo en la sopa caliente para impedir que su boquita se dañara.

La madre de Ashlyn dijo: "Algunos dirían que es algo bueno. Pero no, no lo es. El dolor existe por una razón. Permite que el cuerpo sepa que algo anda mal y que debe corregirse. Daría cualquier cosa porque ella sintiera dolor".[1] Lo que es cierto del dolor físico y del cuerpo es cierto de la angustia afectiva y del alma. El dolor es un don de Dios que nos permite saber que algo no anda bien, que algo en nuestra vida necesita atención y debe arreglarse.

Cuando sentimos nuestra vida, nos sintonizamos con el dolor cuando surge y podemos resolverlo antes que nuestra vida comience a girar alrededor de él. Pero si no se nos permitiera sentir el dolor, o decidiéramos no sentirlo, añadiríamos dolor a nuestra herida y aumentaríamos la dificultad y el conflicto en nuestra vida, tal como la niñita que seguía lastimándose a sí misma. El dolor es un don. No es algo que busquemos pero cuando aparece en nuestra vida, tenemos que reaccionar como es debido, en vez de negarlo o descuidarlo.

El dolor de Laura

Laura era miembro de una pequeña iglesia en una carretera de poco tránsito en el este de Texas, fuera de Tyler. El pequeño edificio con su campanario de cien años parecía algo fuera de lo común en un paisaje rural norteamericano. Parecía como si fuera seguro asistir allí a la iglesia pero para Laura no fue nada seguro. Laura había asistido a la iglesia desde que era una niñita. Ella conocía allí a todo el mundo y todas las cosas acerca de todos los que asistían, a todo el mundo menos a su esposo. Aunque Laura conocía la vida privada de muchos de los miembros, desconocía la vida privada que su esposo había desarrollado. En una pequeña comunidad, él había comenzado a verse con otra mujer. Tal vez nunca lo habría sabido si ella no hubiera encontrado un recibo entre los asientos delanteros de su furgoneta; un recibo de un motel cercano que ella sabía que alquilaba habitaciones por hora. No había ninguna razón legítima para que su esposo hubiera estado en ese motel o hubiera pagado una habitación allí.

Laura se había enfrentado a muchos problemas con su esposo. Estuvo a su lado mientras perdía empleo tras empleo. En ese momento tenían dos meses atrasados de su hipoteca y ahora ella acababa de enterarse de que él estaba gastando el dinero alquilando habitaciones por hora en un motel para tener relaciones sexuales con otra. El dolor era casi más de lo que ella podía soportar. Sintió vergüenza de contarles algo a sus amigas. Lo confrontó con el recibo del motel en la mano cuando entró por la puerta. De inmediato él comenzó a llorar mientras ella le pedía una explicación. Ella gritaba "¿Por qué?" una y otra vez mientras le golpeaba el pecho y por último cayó desplomada en un mar de lágrimas. Sus gritos desdichados de dolor profundizaron la culpa y la aflicción de su esposo. Nada más tuvo que ver el corazón quebrantado de su esposa para decidir cambiar.

Él se lo confesó todo. Una compañera de trabajo había acudido a él en medio de sus conflictos conyugales y él se había metido neciamente en ese conflicto matrimonial. Él se convirtió en aquel en quien ella confiaba para recibir ayuda y consuelo y no había pasado mucho tiempo sin que estuvieran juntos en una cama y consumaran el romance. Eso había sucedido durante un tiempo relativamente corto. Él sabía que eso era malo desde el principio pero nunca había sentido algo tan emocionante y prohibido. Se sentía vivo, deseado y sexual en su presencia. Cayó en la trampa de la seducción y perdió su integridad por algunos momentos de sentirse como un "verdadero hombre". Fue sincero cuando le dijo a Laura que no volvería a ver a la mujer y que haría todo lo que Laura quisiera a fin de mostrarle su arrepentimiento y devoción.

Él comenzó a cambiar. Dejó de ver a la mujer y comenzó a asistir a la iglesia como nunca antes. Hizo lo que Laura quería y parecía hacerlo con sinceridad, deseando ser un hombre de Dios y un hombre de quien Laura pudiera sentirse orgullosa. Todo el mundo en la iglesia se maravillaba ante el cambio radical que hubo en su vida. Él era un ejemplo vivo de la verdadera transformación. Inspiró a otros a dar una segunda mirada a su propia vida y a otros hombres a seguir sus pasos. Laura parecía tener al esposo de sus sueños. La gente la envidiaba por tener un esposo que se había arrepentido y que era fiel a ella.

Pero algo más estaba formándose dentro de Laura, tras la apariencia de amor y aceptación. No era una mujer feliz; siempre estaba enojada. Estaba enojada porque su esposo había quebrantado sus votos, la había engañado y la había hecho sentirse como una tonta si comenzaba a preguntarse dónde él había estado. No le gustaba la atención positiva que él estaba recibiendo. Mientras ella sentía que él era un esposo que no servía para nada, todos los demás parecían admirarlo por su carácter fuerte. Mientras difícilmente ella podía estar cerca de él, otras personas querían estar con él en su notable recuperación. Ella se sentía muy mal en cuanto a su matrimonio y se sentía mal por sentirse tan mal. Era una gran dosis de vida injusta lanzada en su rostro.

El mayor problema para Laura era que su esposo recibía

demasiada atención por hacer lo que siempre debió haber hecho. Era aplaudido por ser el hombre que ella había pensado que era desde un principio. En lugar de que alguien le mostrara simpatía a ella, había una expectativa de que ella fuera agradecida. Laura no podía soportar que hubiera sido una esposa dedicada, dispuesta a permanecer con su esposo después de su traición y a nadie parecía preocuparle. Nadie le atribuía mérito por hacer lo bueno cada día. Su enojo fue en aumento, la gente de la iglesia comenzó darse cuenta. Los comentarios que hacían eran estos:

- "Debes sentirte afortunada de que él hiciera tal cambio".
- "Solo confía en Dios y deja eso entre él y Dios".
- "Dios obra en todo para bien".
- "Una persona llena del Espíritu sentiría una gran paz acerca de todo eso".
- "Sin duda, debe de haber habido problemas profundos en el matrimonio para que él hiciera lo que hizo".
- "De seguro después de un par de meses habrás vencido tu desilusión".
- "Tu enojo es un pecado del que tienes que arrepentirte".

Todas esas afirmaciones tienen un elemento de verdad, pero cada uno hizo que el dolor fuera peor para Laura. Cada comentario impedía que ella hiciera lo que en realidad tenía que hacer. Ella necesitaba sentir la plena profundidad de su tristeza. Tenía que sentir el dolor de la traición y expresarlo a un grupo de personas, en vez de pasar por alto sus emociones y declarar "paz instantánea", como algunos en su iglesia querían que hiciera.

El aferrarse al dolor y al no tener lugar seguro adonde acudir hizo que Laura se cerrara. Dejó de relacionarse con los demás, incluso con su esposo. Dejó de ir a la iglesia y se hundió en profunda depresión y con el empeoramiento de su depresión sufrió más el ridículo y el rechazo de su iglesia.

A Laura no se le "permitía" sentir cuando más necesitaba sentir. Ella tenía que perdonar a su esposo pero no tenía que hacerlo de inmediato ni de modo superficial. Ella necesitaba hallar gratitud y paz pero eso no podía llegar inmediatamente después de enterarse de la traición. Necesitaba amar a su esposo pero antes de actuar de una manera amorosa tenía que reconocer que todo lo que estaba sintiendo no era amable, procesarlo y analizarlo para que pudiera sentir el amor y la aceptación.

¿Qué sentiría Jesús?

El profeta Isaías dijo que Jesús sería un hombre que experimentaría la tristeza (Is. 53:3). Leemos de la experiencia de Jesús en el huerto de Getsemaní, poco antes de su crucifixión (Mt. 26). Los vemos a Él y a sus discípulos vigilando y esperando con Él porque Él estaba profundamente angustiado. Jesús sintió la angustia afectiva a tal grado que sudó gotas de sangre. Sudar sangre solamente le ocurre quien siente el dolor, el sufrimiento y la tristeza suprema. Él estaba en medio de gran desesperación aun en —y en especial durante— momentos de intensa oración con su Padre. Ese fue Dios como hombre, que hoy conoce su angustia afectiva porque la experimentó mientras estuvo en la tierra. Él no la minimizó ni la consideró superficial. La sintió en toda la profundidad de su alma.

No puedo imaginarme a un discípulo presente en el huerto aquella noche —resultándole difícil mantener la cabeza erguida—, diciendo algo de lo siguiente a Jesús:

- "Jesús, deja de sentirte mal. Debes tener una verdadera paz en cuanto a esto".
- "Oye, Jesús, nos vas a hacer quedar mal como cristianos si actúas como si sufrieras dolor cuando se supone que lo venzas todo rápidamente".

- "Jesús, ¿cómo puedes dejar que algo así como eso te domine? Sé agradecido porque tu dolor va a salvar al mundo".

Es que Jesús conocía el resultado final. Pudimos ver los resultados maravillosos de su sufrimiento. Nadie tenía que decirle que salvaría a millones de almas. Pero Él tenía que seguir resolviendo cosas con su Padre. Tenía que actuar en otro escenario en el cual no tenía que pasar por el dolor y la agonía. Estaba a punto de rendirse, abandonando su propia comodidad por el derecho de sanar al resto de nosotros del eterno efecto del pecado. Él era varón de dolores y pudo serlo de un modo excepcional aquella noche.

Sienta y luego sánese

Lo que quiero decir es que nunca debemos avergonzar a una persona que no sienta de inmediato el gozo que le espera al otro lado del dolor y de la agonía. Debemos darle la oportunidad que Jesús tuvo de obrar a través del dolor y de la realidad del sufrimiento. Si no lo hacemos, empujamos a las personas a un lugar donde andan dando vueltas con las pérdidas sin haberse afligido por ellas y con los dolores sin resolver. A ese dolor nunca se le sepulta muerto. Se le sepulta vivo y debe alimentársele cada día. Llevará a una persona a comer, beber, gastar dinero, tener relaciones sexuales, jugar juegos de azar y hacer otras mil cosas para aliviar su dolor. Usted tiene que sentir antes de ser sanado, o permanecerá herido y a su vez hiriendo a otros que se le acerquen.

Nunca debemos avergonzar a una persona que no sienta de inmediato el gozo que le espera al otro lado del dolor y de la agonía.

Búsqueda de la necesidad detrás del sentimiento

Nuestras emociones son dones de Dios. Son indicadores de que algo anda mal, no señales de que necesitemos un cambio instantáneo. Establecer una comunidad donde las personas sientan la necesidad de negar u ocultar sus sentimientos no permite que esas emociones se empleen de la manera que Dios quiere. Pablo nos mostró que puede resultar algo bueno de la experiencia de malos sentimientos. Él escribió:

> Porque aunque os contristé con la carta, no me pesa, aunque entonces lo lamenté; porque veo que aquella carta, aunque por algún tiempo, os contristó. Ahora me gozo, no porque hayáis sido contristados, sino porque fuisteis contristados para arrepentimiento; porque habéis sido contristados según Dios, para que ninguna pérdida padecieseis por nuestra parte. Porque la tristeza que es según Dios produce arrepentimiento para salvación, de que no hay que arrepentirse; pero la tristeza del mundo produce muerte. Porque he aquí, esto mismo de que hayáis sido contristados según Dios, ¡qué solicitud produjo en vosotros, qué defensa, qué indignación, qué temor, qué ardiente afecto, qué celo, y qué vindicación! En todo os habéis mostrado limpios en el asunto (2 Co. 7:8-11).

Pablo señaló que el sentimiento de tristeza llevaba a hacer bien las cosas. El tratar de ocultarlos o no expresarlos eliminaría una gran oportunidad de cambio y transformación. En el caso de Laura, tenían que resolverse sus sentimientos y también indicaban algo que no se había hecho. Ella estaba indignada por la notoriedad de la transformación de su esposo pero se sentía incompleta. ¿Por qué? Parte del problema era una falta de restitución por parte de su esposo. Sí, él cambió. Sí, él hizo lo correcto pero se olvidó de las necesidades de su esposa o las pasó por alto. Era necesaria la restitución. Tenía que mostrarle de una manera profunda que estaba dispuesto a pagar el precio por lo que había hecho. Es probable que Laura habría estado mucho mejor más pronto si él hubiera desarrollado un plan de restitución.

Si alguien de la iglesia se hubiera acercado a Laura para escuchar el palpitar de sus emociones, habría descubierto la herida y la habría ayudado a resolver esos sentimientos, aunque su esposo lo hubiera hecho o no. Debieron haber ido con un plan que pusiera en orden las cosas si hubieran analizado profundamente la situación.

¿Qué pudo haber hecho el esposo de Laura para hacer la restitución? He aquí algunos ejemplos que pudieran haber ayudado con el resentimiento de su esposa y la falta de relación entre ambos. No todos serían saludables en cualquier situación pero cada uno de ellos pudiera haberse probado como una opción para fomentar una relación saludable entre Laura y su esposo:

- Su esposo pudiera haberla honrado públicamente y haber confesado su devoción a ella aunque admitiendo la severidad de sus pecados.
- Pudo haberse ofrecido como voluntario para cuidar de los niños todos los sábados durante un año para que ella tuviera el día libre para hacer lo que quisiera. El renunciar a algún deporte, o a cualquier cosa que hacía con sus amigos, pudiera haber sido su sacrificio para ella.
- Pudo haber ahorrado dinero para enviarla en un viaje con su amiga. Pudo haberle dicho todas las cosas que estaba dispuesto a hacer sin pagar por su tiempo de sanidad.

- Pudo haberse ofrecido como voluntario para atender y limpiar la casa por ella. Pudo haberle servido de formas en las que nunca antes le había servido. Su corazón humilde y contrito habría sido como bálsamo para las heridas de ella.
- Pudo haberse sentado con ella y haberle pedido que considerara cualquier cosa que pudiera hacer por ella y le hubiera dado tiempo para que pensara en eso.

Estoy seguro de que hay muchas otras cosas que pudieron haberse hecho bien. En primer lugar, alguien tenía que ir junto a Laura para descubrir lo que faltaba —otra cosa que no fuera tiempo— en su viaje sanador. Aun cuando su esposo no hizo nada, ella pudo haber sido ayudada en medio de su desesperación y no haber sido avergonzada por eso.

Resolver o revolver

Mientras escribo este capítulo, según el mapa de vídeo en la pantalla que tengo frente a mí, estoy a casi 11.000 metros en el aire sobre el estado de Illinois, viajando a una velocidad de 738 kilómetros por hora, en un vuelo de Frontier Airlines que salió de Filadelfia. Estoy volviendo de un seminario "Piérdalo para toda la vida" de cinco días en Cape May, Nueva Jersey. Fue una experiencia que transformó la vida de muchos de los 134 luchadores que se unieron a mi personal y a mí. Sus pesos y tamaños variaban mucho, pero la mayoría de ellos sabía todo acerca de perder libras, de dieta y de ejercicio. Estaban allí para aprender más que información práctica sobre cómo lograr ser de la manera que eran y lo que tenían que hacer para cambiar eso. Estaban allí para quitar algunas de las barreras y resolver algunos de los misterios que los mantenían tan pesados.

Una de las partes más importantes de toda la experiencia

fue analizar, experimentar y resolver los sentimientos. Estaban aferrados a las emociones que pensaban que habían sepultado, ya que no habían sentido lo más profundo de su desesperación en algún momento de su vida. Habían tratado de sepultar sus emociones porque a menudo se les había dicho que sentirlas era malo. Es probable que estuvieran enseñados a desarrollar un sentido de paz o a pasar sobre él y seguir adelante pero no podían hacer nada de eso simplemente por querer hacerlo. Necesitaban sentir las profundidades de sus emociones a fin de alcanzar algún estado de resolución.

Muchos comprendieron que, si no se resuelven las emociones, su vida comienza a girar alrededor de esos sentimientos y viven en un estado constante de dolor, sufrimiento, estado de desconfianza, ansiedad y enojo. Como no se consideran esas emociones "cristianas", las sepultan pero no las sepultan muertas, las sepultan vivas. Como no están muertos, las emociones exigen satisfacción y la satisfacción de los sentimientos llega a dominar todos los aspectos de la vida. La vida gira alrededor de su sufrimiento y hacen todo lo posible con relación a su dolor. Están dominados por sus emociones sepultadas y cuando algunas salen a la superficie, redoblan sus esfuerzos por seguir controlándolas.

A menudo se les había dicho que el alimento era su dios, y muchos de ellos lo creyeron. Les pedí que pensaran en eso. Dudaba de que el alimento fuera su dios en el sentido más genuino de lo que es un dios. Un dios es cualquier cosa que controla su vida. Es lo que en su vida la domina, la controla y que le saca la vida. El alimento no hace eso pero los sentimientos sin resolver sí lo hacen. Llegaron a aceptar que sus sentimientos —sus emociones no resueltas— estaban en control de su vida de tal forma que se habían vuelto dioses en el sentido más genuino de la palabra.

Les presenté una ilustración verbal que incluía el restaurante tailandés que estaba al cruzar la calle desde mi oficina. Tan pronto se entra en el restaurante, no se puede menos que observar que sentado en el piso hay una estatua de un Buda gordo. Casi siempre que voy allí, frente al Buda hay algunas naranjas o algún arroz o algún tipo de alimento, puesto a los pies del dios gordito. Les pedí que consideraran si eso es lo que estaban haciendo. El alimento no es el dios. Los sentimientos son el dios. El alimento alimenta los sentimientos y da algún consuelo al que come los alimentos.

Las bombillas comenzaron a encenderse mientras les hablaba de la necesidad de sentir y expresar las emociones que habían sido hundidas, sepultadas y pasadas por alto y hasta que eso no se hiciera debida y totalmente, era posible que siguiera alimentando esos sentimientos con alimento. ¿Qué sacrificarían al dios de los sentimientos? Estarían sacrificando su cuerpo y la vida que Dios tenía para ellos.

Estaban pagando el supremo precio y estaban dispuestos a sacrificar sus apariencias y sus relaciones porque se negaban a experimentar la plenitud del dolor que estaban sintiendo. Si el alimento se usa para alimentar las emociones no resueltas, es lo mejor para todos que los sentimientos se experimenten y se resuelvan para que no se pierda una vida con un sacrificio corporal. En aquellos cinco días los animé a que sintieran las profundidades de sus emociones y resolvieran esos sentimientos para que no volvieran a alimentarlos y a adorarlos.

Si el alimento se usa para alimentar las emociones no resueltas, es lo mejor para todos que los sentimientos se experimenten y se resuelvan para que no se pierda una vida con un sacrificio corporal.

Nuestros sentimientos tienen su lugar, pero no deben estar en el centro de nuestra vida. Eso es lo que advierten quienes sugieren que no tenemos necesidad de sentir. Ellos advierten contra una vida en la que todo se basa en cómo nos sentimos. Al sugerir que las personas pasan por alto sus emociones, que niegan las profundidades de ellas y que tratan de seguir adelante, crean el mismo problema que están tratando de evitar. De modo que debemos sentir nuestra vida y vivirla auténticamente, con nada oculto y nada sepultado. El vivir así nos capacita para tener sentimientos sin ser definidos solamente por ellos.

El estado de aturdimiento

Casi todo el mundo ha experimentado una pérdida o un trauma tan malo que se ha sentido aturdido e insensible en vez de abrumarse por el dolor intenso. La conmoción y el aturdimiento es un don excepcional de Dios que nos permite sobrevivir a las peores emociones. ¿De qué otra manera puede recobrarse una madre después de dar a luz una criatura muerta que llevó en su vientre durante nueve meses? ¿De qué otro modo puede un padre soportar la noticia de que un chofer borracho ha matado a su hijo menor? La severidad de esas emociones pudiera hacer que una persona rompa con la realidad y quede quebrantada por completo. Dios nos da una reacción natural que —durante algún tiempo— nos aturde ante la intensidad y severidad de los peores sentimientos. Poco a poco las emociones vuelven y podemos lentamente comenzar a experimentarlas, a contarlas, a expresarlas y entonces a resolverlas.

Si nos negamos a sentir las emociones, no las matamos; siguen allí. Las tenemos dentro de nosotros y el dolor persiste. Así que hacemos por nosotros mismos lo que Dios hizo al principio del dolor. Volvemos al estado de aturdimiento. Aturdimos las emociones con alimento, drogas, alcohol, sexo, juego de azar, robo y centenares de otras cosas que usamos como calmantes. Cuando nos negamos a resolver nuestras emociones, optamos por llevarlas con nosotros y cada vez que comienzan a salir a la superficie, volvemos al dispositivo de aturdimiento de nuestra elección.

Quedamos atrapados en el mecanismo de aturdimiento durante el proceso de tratar de volver al estado de aturdimiento. Esa dependencia causa más consecuencias y dolor y nuestra vida gira fuera de control hasta que llegamos a la conclusión de que hay una sola salida. Debemos sentir las emociones que nos aterraban. Debemos volver a sentir el dolor, resolverlo y entonces seguir adelante con nuestra vida, relacionarnos con otros, sentir la realidad de lo que estamos experimentando ahora mismo, sin que importe cuán incómodo sea.

Morir a sí mismo

Tenemos que morir a nosotros mismos y no tratar de ahogar nuestras emociones o matar nuestros sentimientos. Morir a sí mismo es un concepto interesante. Es sencillo, doloroso y no tiene sentido alguno para la mayoría de las personas; pero morir a sí mismo significa que estamos dispuestos a ceder nuestro derecho a sentirnos cómodos. Quiere decir que estamos dispuestos a sentirnos incómodos por el bien de los demás y por los propósitos de Dios.

No estamos sanando nuestra vida si estamos protegiéndonos de sentir las emociones sepultadas en nuestro interior. Estamos infectando nuestra vida en vez de sanarla si evitamos todo contacto y relación con los demás para que no sintamos más dolor. La estamos infectando con la soledad, el aislamiento y el alejamiento. A fin de sanarnos, debemos morir a nuestros más inmediatos deseos y experimentar la vida como es.

La decisión de sanar es la decisión de no tomar un trago en el punto del enojo y de la furia. Es mirar el enojo y la furia como una señal de que algo anda mal y que debe atenderse.

Vivo en el enojo, lo experimento, lo analizo y averiguo qué hay en el corazón de eso, hasta que resuelvo sanar al fin mi vida. La decisión de sanarse significa que en vez de tomar helado cuando estoy ansioso, de morirme por comer mucho, siento la ansiedad, vivo en ella, descubro su origen y entonces la resuelvo y experimento un nuevo nivel de sanidad. Experimento los sentimientos, muriendo a mi propio deseo egoísta de demorarlos, de sepultarlos o de asfixiarlos y entonces los uso como una señal de que debo trabajar más para limpiar la carga emocional de las partes más oscuras de mi alma.

Misty y yo todavía nos reímos de su descuido de una señal de advertencia en medio de su atareada vida como autora y madre. Yo iba manejando su automóvil hacia la iglesia una mañana y noté que sobre el tablero brillaba una luz bajo las palabras "mantenimiento requerido". Le mencioné que pudiera ser una buena idea atender la advertencia de esa luz y llevar el auto al mecánico para arreglar el problema. Ella creía que algo andaba mal con los indicadores y que era la luz la que debía arreglarse. Se negó a creer que algo andaba mal en el motor que causaba que la luz se encendiera.

Pocos días después un gran ruido y un poco de humo en la carretera dieron por terminado su viaje hacia el trabajo y acabó con la vida del motor. La intensidad del calor había agrietado su motor debido a la falta de aceite. Se había salido el aceite. El cambiar el motor costó dos mil quinientos dólares; el alquilar un auto para ir y venir del trabajo cuesta otros cuatrocientos dólares. Ese era dinero que ella no tenía y tiempo que no podía darse el lujo de perder pero pagó el dinero y dedicó tiempo a reparar el automóvil. Nada de eso habría sido necesario si hubiera simplemente atendido a la luz de advertencia. Todos hemos hecho eso de alguna forma. Lo he estado haciendo muchos años de mi vida.

Las emociones angustiosas de enojo, furia, culpa, vergüenza, temor, ansiedad y aflicción son indicadores de que algo más profundo anda mal. Ellas son como el sistema de advertencia de Dios, con como una luz en el tablero que está allí para protegerlo de la destrucción futura. Présteles atención. No use excusas para ocultarlas o para sepultarlas o para aturdirlas. Siéntalas. Aprenda a aceptarlas como el precio de estar comprometido con la vida y como un resultado lógico de vivir la vida a plenitud. Son una realidad que todos nosotros debemos afrontar, ya que todos experimentaremos pérdida, rechazo y aflicción en algún momento de la vida. Cuando experimentamos eso, debemos llegar a conocer nuestras emociones y a sentirlas profundamente para que podamos liberarnos de ellas y seguir adelante.

La gran mentira
"Los verdaderos cristianos deben tener genuina paz en todas las circunstancias".

Muchos están viviendo la gran mentira de que, si somos verdaderos cristianos, debemos tener genuina paz en todas las circunstancias. La mentira solo sirve para demorar el dolor que debe experimentarse como un don de Dios. El don del dolor nos atraviesa, e instantáneamente sabemos que tenemos un problema que resolver o un enigma que aclarar. Cuando muere alguien a quien amamos, tenemos un problema que resolver. Tenemos que hallar una manera de vivir sin esa persona. Tenemos que existir sin su toque diario o su contacto frecuente y sin su estímulo. Si rechazamos ese dolor, no resolvemos el problema. El reclamo de paz instantánea puede llevarnos al dolor constante y continuo que no morirá hasta que lo sintamos, lo expresemos, lo entendamos y lo resolvamos. La gran mentira impide que seamos sanados. Nos lleva a la superficialidad y a la relación falsa. El sentir nuestra vida y el dolor en ella nos permiten relacionarnos de formas auténticas e íntimas.

Yo quería huir cuando la realidad de mi divorcio me golpeó. Escogí a Hawai y me alegro de haberlo hecho. Tuve el impulso de conocer Hawai de la manera que quería. Era un viaje de desafío. Yo no quería sentir; solamente quería actuar con independencia. Si me iban a dejar, entonces yo iba a ir y a vivir de la manera que siempre había querido vivir durante un par de semanas en Hawai.

Desayuné de la manera que quería. Llamé por teléfono a mis amigos después de algunos días y les dije que había desayunado tres veces en tres días por menos de tres dólares y que cada uno me tomó menos de tres minutos disfrutarlo. Tenía la libertad de comer lo que quería y me sentía desafiante en mi libertad. Después tomaba mi tabla para flotar sobre las olas de Waikiki y, aunque tambaleándome, fui tan lejos como quería y cuando quería. Fue un viaje de ensueño durante el cual viví como quería vivir por primera vez en más de veinte años.

El sueño no duró mucho tiempo. Hawai estaba lleno de recuerdos; mi esposa y yo habíamos estado allí muchas veces. Ella estaba por todas partes; estábamos por todas partes. No había lugar al que pudiera ir sin pensar en las veces que estuvimos allí juntos y que tuvimos una discusión o estuvimos sin relación alguna. Cuanto más tiempo me quedara, tanto más aumentaba el dolor. No lo vi como un don; me hacía sufrir.

El dolor quebrantó el desafío de breves desayunos y tablas sobre las olas y me dejó acostado en la cama de una habitación oscura de un hotel. Sentí el dolor agudo desde lo profundo de mi alma. Nunca me he sentido tan mal y tan incapacitado. No hubo paz, ya que en mi desafío había aterrizado en el corazón de muchos recuerdos que hacían parecer todo como una pérdida de tiempo y de esfuerzo. Sentí el dolor. Lo acepté. Se lo conté a algunos amigos. Cuando me fui, estaba libre de casi todo eso. Estaba libre porque había rechazado una falsa paz cuando no había ninguna.

Usted pudiera estar viviendo alguna forma de desafío. Usted pudiera estar mostrándole al mundo que nada le ocurre. Pudiera estar evitando el dolor mientras afirma que está en paz con Dios, consigo mismo y con los demás. Si así es, lo invito a que sienta su vida y experimente el peor aspecto del dolor en ella para que pueda experimentar a Dios en toda su gloria. El dolor nos deja vacíos para que podamos llenarnos de Dios. Si no permitimos que ese vacío nos lleve a Dios, nos ha de llevar a alguna otra parte. Nos aferramos a personas enfermas en vez de experimentar la presencia de Dios. Ponemos la carga en personas enfermas cuando pudiéramos haber puesto nuestra carga en las manos de Dios.

Luchamos y nos esforzamos en vez de permitir que el poder de Dios nos capacite y haga por nosotros lo que no podemos hacer por nosotros mismos. Buscamos formas de falsa intimidad con sexo instantáneo o escapadas románticas en vez de hallar intimidad con Dios. Tenemos romances con los impíos en vez de relacionarnos con la comunidad sanadora de Dios. Hacemos todo eso porque de modo desafiante afirmamos que estamos en paz cuando en realidad sentimos tremendo dolor y confusión en nuestro interior.

Invitación a la quietud

Hoy pudiera ser un buen día para hacer un inventario del dolor y un examen de los sentimientos. Tal vez pueda hallar el tiempo para apartarse, estar tranquilo y calmar su mente. Si lo halla, hágase estas preguntas:

- ¿A qué le temo?
- ¿Qué falta?
- ¿Estoy vacío?
- ¿De qué me estoy llenando?

- ¿Qué me niego a sentir?
- ¿Qué sentimientos estoy eludiendo?

Pudiera hallar que puede ver un modelo de protección de los sentimientos dolorosos que debe entender cuando tome ese tipo de inventario. Pudiera hallarse ocultándose del dolor y ocultándose de los demás. Pudiera ver una gran cantidad de actitudes defensivas de su parte y usted pudiera hallarse aislado y solo. De ser así, vaya más lejos en su inventario y observe cómo el temor funciona en el estilo de vida que ha adoptado. Descubra a qué le teme.

- ¿Temo el rechazo?
- ¿Temo ser ineficiente?
- ¿Temo que alguien pudiera controlarme?
- ¿Evito las cosas porque temo fracasar?
- ¿Temo el no hacer nada importante en mi vida?

Cuando haya examinado el temor, analice el enojo:

- ¿Guardo rencor?
- ¿Estoy enojado porque me siento dominado?
- ¿Está mi pasado en mi presente debido al enojo hacia alguien que me ofendió?
- ¿Estoy tratando de desquitarme de alguna forma?
- ¿Me lleva el enojo a declaraciones negativas acerca de alguien?

Entonces en esos momentos de quietud, dé un vistazo a la culpa y a la vergüenza que usted carga:

- ¿Me siento culpable respecto a un hábito actual?
- ¿Siento vergüenza por algo que alguien me hizo?
- ¿Cometo a sabiendas un pecado?

- Cuando me siento culpable, ¿cubro la culpa con alimento o bebida?
- ¿Hay algo que pueda cambiar para reducir la culpa?

En un lugar tranquilo, con una mente calmada, pudiera hallar las respuestas a las preguntas que ni siquiera sabía que estaba evitando. Pudiera hallar algunos aspectos que son sensibles y que necesitan resolución. Pudiera descubrir que sentir su vida no es algo que deba evitarse. Pudiera hallarlo bastante soportable en los malos tiempos y muy agradable en los buenos.

La influencia de la resurrección en los sentimientos

El fundamento de la fe cristiana es la creencia de que Jesús existió, vivió en la tierra para mostrarnos cómo vivir y luego tomó sobre sí el castigo de nuestros pecados, murió por ellos y fue sepultado y resucitó del sepulcro. Una persona que crea eso y acepte a Jesucristo está reconociendo que ninguno de nosotros tiene la capacidad en nosotros mismos para ganar el camino al cielo. Nunca podemos ser lo suficiente buenos ni acumular lo suficiente para estar con un Dios santo. Jesucristo vino para que ya no tuviéramos que tratar de hacer lo que no podemos hacer. Él pagó el sacrificio supremo con su vida, y como resultado podemos tener vida eterna. Jesús dijo: "Yo soy el camino, y la verdad, y la vida; nadie viene al Padre sino por mí" (Jn. 14:6). No pudiera ser más claro que aceptar a Jesucristo como su Salvador es muy importante en el mundo eterno. Pero ¿qué en cuanto al hoy y a la manera en que usted se siente?

El hecho de que Jesucristo murió en la cruz por usted y resucitó del sepulcro tiene mucho que ver con cómo usted vive hoy y cómo se siente. No fue algo que ocurrió para afectar su alma eterna. Es todo acerca del hoy. Hoy no tiene usted que seguir en la culpa y la vergüenza que viene de su pasado, ya que la muerte y la resurrección de Cristo lo han limpiado y se ha encargado de todo lo que haya hecho indebidamente.

Hoy no tiene que estar enojado con nadie. Puede darles lo que Dios le ha dado a usted mediante la muerte y la resurrección de Jesucristo y eso es absoluto perdón. No hay por qué enojarse y vivir en la amargura cuando se puede perdonar, ya que Jesucristo lo perdonó a usted. Hoy no tiene que temer el futuro. Dios lo tiene todo en sus manos. Su eternidad está asegurada, de modo que lo peor que pueda pasarle es lo mejor. Si muere, va a estar con Jesucristo. Puede ser emocionalmente libre en el presente y hallar esa manera de vivir puede ser muy cómoda a pesar de todos los problemas para su propia serenidad.

Cuando pone su confianza en Cristo, su vida se vuelve manejable y su estado mental se vuelve agradable porque sus sentimientos no están fuera de control. No tiene que preocuparse por nada cuando confía en Dios para todo (Mt. 6:25). No hay razón alguna para sentirse ansioso acerca de nada cuando se ha puesto la confianza en Dios (Fil. 4:6). Cuando vive así, está en paz con el mundo y consigo mismo y es libre para hacer las relaciones que necesita hacer. Usted es libre para sentir el vacío, el miedo y el enojo porque sabe que sobrevivirá y que, a la larga, todos esos sentimientos serán resueltos y que estarán en las manos de Dios. Así que cada día puede acudir a Él un poquito más que el día anterior. Puede sentir su vida, sanar su vida y experimentar su vida a plenitud.

La sanidad es una elección. Es la decisión de sentir su vida.

3

LA TERCERA ELECCIÓN:
La decisión de analizar su vida en la búsqueda de la verdad

LA TERCERA GRAN MENTIRA:
"No hace ningún bien mirar al pasado o mirar hacia dentro".

¿Hay algunas cosas que está haciendo que provoca que usted se aparte de los demás y de la vida de la que pudiera estar disfrutando? ¿Hay aspectos de su vida que están llenos de conflictos y luchas que quisiera que desaparecieran? ¿Se ha apartado alguna vez de una conversación o de un conflicto preguntándose por qué hizo lo que hizo o dijo lo que dijo? Casi todo el mundo lo ha hecho pero no todo el mundo analiza el dolor y busca el "por qué" tras las decisiones que están causando problemas, conflictos y luchas emocionales. Sanamos nuestra vida cuando comenzamos a buscar la verdad acerca de por qué hacemos lo que hacemos y por qué sentimos lo que sentimos.

Cuando dos personas ofendidas e inconscientes se unen en el matrimonio, el resultado es casi siempre un absoluto desastre. El resultado por lo general no es bueno, ya que la persona no está dispuesta a observar y a descubrir la verdad acerca de sí misma y se estanca en la situación en que está. Me puse en contacto con miles de hombres con dificultades conyugales cuando escribí *Every Man's Battle* [La batalla de cada hombre] con Fred Stoeker.

Había todo tipo de dilemas alucinantes y asombrosos. Llegaron mensajes electrónicos acerca de pastores que practicaban el travestismo en la casa y de madres que habían abandonado a sus hijos para recorrer el país con camioneros que habían conocido por la Internet. Era como si hubiera una película dramática en cada correo electrónico. Algunos patrones comunes surgieron en medio de todo el drama. El dolor era común y la estructura de las relaciones era común. Una de los más frecuentes era la esposa demasiado gorda casada con el esposo vicioso del sexo.

Ella tiene exceso de peso y está fuera de control. En su enojo ella come con él en mente, castigándolo con su contorno en constante expansión, calmando su enojo con él como un alcohólico con un trago de vodka. Ella está ansiosa y enojada y muy desilusionada. Nada en el sueño que quería se mostró después de los votos nupciales; es más como una pesadilla. En su depresión ella come, ya que no tiene adonde acudir. Ella se siente resentida con su esposo y compara su vida interior llena de defectos y fracasos con la vida libertina de otros hombres. Él siempre es un fracasado en su análisis superficial. Nada de lo que él haga es suficiente y de cuando en cuando ella se lo hace saber. Ella no quería que él la tocara y el comer la ayudaba a mantenerse fuera de sus manos. Hasta que él esté dispuesto a cambiar, ella seguirá viviendo su vida lo mejor que puede con su alimento como lo único que la consuela como mujer.

Él ha caído en la pornografía y la lujuria; tal vez eso haya llegado hasta el vicio sexual. Usa el peso de su esposa como excusa. En su mente, ella se ha abandonado sin importarle cómo la ve él o como la ven los demás. Él se siente con derecho a mirar a otras mujeres y que es natural y lógico que lo haga. Nada que él haga cambia la situación; ella está detrás de su influencia y él no tiene capacidad alguna para controlarla. Él está enojado y la culpa del enredo moral en que se encuentra. Si ella actuara de otro modo, él podría tener con ella la relación con que siempre ha soñado. Pero hasta que ella esté dispuesta a cambiar, él continuará viviendo su vida lo mejor que pueda con su pornografía como lo único que lo hace sentirse como hombre.

He visto eso una y otra vez: Dos personas no dispuestas a examinarse a sí mismas y a analizar cómo llegaron a ese punto terrible, dispuestas a señalarse mutuamente como culpables. Están en un atolladero de enojo y resentimiento y ambos han escogido conductas que son para colmo de males pero hay otra manera de actuar. Hay una salida para ambos de esas luchas en las que se hieren mutuamente pero no es fácil el camino. Requiere un análisis introspectivo sincero, que investigue el pasado para descubrir la verdad acerca del presente.

La verdad de hoy para una mujer como esa a menudo comienza con su padre, que echó el fundamento para sus relaciones con los hombres. Lo más probable es que su padre no fuera un hombre que proveyera para ella ni se relacionaba con sus necesidades más profundas. A falta de lo que pudiera haberle dado, ella ha esperado que su esposo cambie las cosas. No sabe qué es lo que ha hecho. Ella se resiente con el hombre de su vida hoy porque no puede llenar el vacío dejado por su padre.

Hay algunos otros casos que son todo lo contrario. La mujer pudiera no ser desdichada porque su padre fuera malo, sino porque era demasiado bueno. Si su padre era un hombre asombroso, ella pudiera haber estado buscando a alguien en quien alcanzar el ideal de su padre y ningún hombre puede lograrlo. Así que, de cualquier manera, padre bueno o padre malo, ella busca que su esposo la satisfaga y él no es suficiente. Así que ella se siente resentida con su esposo y lo compara con todos los demás hasta que se convenza de que él es un perdedor.

Por parte del hombre, hay una buena posibilidad de que la madre de su pasado esté influyendo en su presente. La madre de él pudiera haber sido ideal; pudiera haber satisfecho todas sus necesidades y él se enoja porque está casado con alguien no dispuesta a hacer eso. Siempre hay la posibilidad de que tuviera una madre dominante que tratara de controlar todo lo que él hacía y que se aferrara a él demasiado tiempo. En realidad, ella tal vez nunca lo ha soltado. En la relación actual él proyecta todo su enojo hacia su madre en su esposa y ella no puede ser su amante porque él la ha fijado como representación de su mamá. Así que él vuelve a las imágenes en vez de volverse a su esposa. Pueden manipularse y controlarse las imágenes y él puede tener una experiencia sexual sin ser evaluado ni juzgado. Está enojado con su esposa y la compara con las imágenes que adora y ella nunca está a la altura de sus exigencias.

Misterios de la mente

Todos tenemos misterios en nosotros que deben resolverse. En las situaciones anteriores, cuando se resuelven los misterios, hay la oportunidad de que sea sanada la relación. La comprensión lleva a decisiones que pueden sanar pero si nadie se detiene a considerar "el porqué" detrás de la conducta o los sentimientos que llevaron a la conducta, hay poca esperanza de cambio o sanidad. Sería útil que todos nos detuviéramos y le diéramos un vistazo a la vida en el pasado, donde estamos hoy y adonde todo nos está llevando al futuro. La Biblia nos exhorta a que hagamos un análisis introspectivo: "Escudriñemos nuestros caminos" (Lm. 3:40). Nuestros caminos son nuestros hábitos, nuestros conflictos, nuestros defectos de carácter y los patrones en nuestras relaciones. Cuando está dispuesto a dar un vistazo, pudiera descubrir algunos aspectos que deben resolverse y que, cuando se resuelven, llevan a la sanidad.

Hay un misterio de la mente que resolver cuando usted llega al fin de sí mismo y siente como si no pudiera continuar. Puede rendirse, o puede darse más tiempo para resolver el misterio que lo lleva a estar consciente de que está demasiado gordo, solo y desesperado.

Hay un misterio que resolver cuando usted pierde algo que esperaba conservar. Sencillamente sigue hacia adelante, o puede investigar por qué eso significaba tanto para usted y cómo lo perdió. Resuelva ese misterio y pudiera hallar que no perderá demasiado en el futuro.

Hay un misterio que resolver cuando hay un divorcio o la ruptura de una relación importante. En realidad, en este caso, hay por lo general muchos misterio que deben resolverse y ese era el caso para mí. Tenía que descubrir cómo terminé divorciado después de veintiún años de un matrimonio difícil.

Afronto la dura verdad acerca de mí

Cuando la realidad de mi divorcio comenzó a interiorizarse, no fue fácil afrontar la difícil tarea de considerar cómo yo había contribuido a la dificultad en nuestro matrimonio o cómo mis reacciones ante los problemas habían empeorado las cosas. Era una tarea difícil hacer un análisis retrospectivo mientras trataba de defender mi integridad y todo lo que había hecho para tratar de hacer que el matrimonio funcionara. Yo decía cosas como: "Desde luego que contribuí a crear problemas pero no contribuí al divorcio ni a los acontecimientos que llevaron al divorcio". Mi idea era que todos nosotros en nuestro matrimonio hacemos cosas indebidas pero no siempre llevan al divorcio. Yo sabía que había esposos peores en matrimonios sólidos, así que no iba a cargar con la culpa del divorcio.

Recuerdo largas conversaciones acerca de lo que yo había hecho para conservar el matrimonio y sanarlo. Busqué orientación para mí mismo y estaba recibiendo esa terapia cuando todo explotó. Yo estaba en un grupo de apoyo a los hombres y de estudio bíblico. Estaba haciendo un esfuerzo por arreglar lo que había que arreglar. Yo estaba dispuesto y quería que quienes me preguntaban supieran que no había sido un hombre que fuera ciego al matrimonio inconsciente de los problemas. Yo estaba consciente de ellos; solo que no tenía las soluciones.

Comenzó a entrar alguna luz en mi alma en medio de mi propia justificación y mi actitud defensiva. Comencé a comprender que, si yo defendía todo lo que hacía en el matrimonio, tenía la oportunidad de participar en otro como él. Dejé que entrara alguna luz mediante mi terapia, ya que hacerme sentir bien acerca de lo que había hecho en el pasado no iba a darme un nuevo y saludable futuro. Yo había oído grandes cosas acerca de un consejero y me sentía optimista en cuanto a lo que pudiéramos lograr juntos. En nuestra primera sesión él se ganó mi confianza mientras daba una perspectiva optimista de la situación. Me dijo: "Puedo ayudarle a recuperar su vida".

¡Oh, qué palabras tan maravillosas fueron aquellas para mí! Había perdido mi vida y había vivido durante años en lo que parecía una mazmorra tenebrosa de aislamiento. Lloré ante la idea de tener una vida nueva y diferente. Cuando terminaron las lágrimas, estaba listo para comenzar un análisis introspectivo. Le debo mucho de lo que veo hoy y cómo me relaciono con los demás de manera diferente.

Mi consejero y yo analizamos mis formas de relacionarme con los demás. Se hizo evidente que, aunque me encantaba comunicarme desde un escenario y detrás de un micrófono y me encantaba relacionarme con las personas en aquellas reuniones, yo tenía en realidad una personalidad evasiva. No me relacionaba rápidamente con las personas y no estaba dispuesto a la relación íntima a menos que sintiera que era muy segura. Me di cuenta de cómo mi posición de liderazgo me mantuvo sin relacionarme con los demás. Comprendí cómo mi programa y la prisa y ocupación me permitía ir de persona a persona sin de veras relacionarme en un nivel íntimo y profundo.

Comencé a observar las reacciones de las personas después que yo hablaba. A veces una gran experiencia con el material que presento puede arruinar una experiencia personal cara a cara conmigo después de eso. Siempre había sido difícil para mí ir de la relación con trescientas personas o tres mil personas a hablar profundamente con una sola persona. Aunque la adrenalina está todavía en mi sistema, no es fácil para mí sentarme a enfocar el carácter del problema de una sola persona. A menudo me estanco con el dilema de alguien que quiere toda mi atención y mi sentimiento de falta de relación y de evasividad, que necesita unos treinta minutos para calmarse y relacionarse.

Ese modelo había llenado de problemas nuestro matrimonio. No me gustaba ser criticado y no me gustaba llegar al hogar para encontrar conflictos. Los esquivaba a fin de mantener la paz. Seguía las direcciones de un consejero que me permitió relacionarme aún mejor. Sugirió que mi esposa no debiera oír nunca nada negativo acerca de mí. Me dijo que toda mi relación con ella debía ser halagüeña y positiva. Era precisamente lo que yo quería oír; ya no tenía que expresar sentimientos difíciles. Lo único que tenía que hacer era suprimir mis horribles sentimientos y expresar algunos sentimientos positivos y superficiales. Era una técnica de supervivencia que impedía que me volviera loco pero ayudó poco al matrimonio. En realidad, perjudicó mucho al matrimonio.

Dejé de ser una persona cuando dejé de tratar de expresar mis sentimientos a menos que fueran positivos. Yo era medio hombre y creo que perdí el respeto de mi esposa cuando dejé de mantenerme firme en lo que era correcto en la relación. Evité los conflictos que no me gustaban pero impedí que ella me viera como el hombre real con necesidades y sentimientos reales. Claro que yo estaba siguiendo el consejo de un consejero pero era el consejo equivocado y con el tiempo lo supe. Lo seguí porque encajaba en el estilo de relación que yo había desarrollado. Yo tenía que cambiar ese estilo si iba a tener una relación diferente en el futuro. Milan me ayudó a ver eso y me ayudó a hacer los cambios necesarios pero no fueron fáciles de hacer.

La recuperación del divorcio

La recuperación del divorcio llegó a ser un tiempo de relación para mí. Me relacionaba con quienquiera que podía de formas que nunca lo había hecho antes. Un ejemplo de eso fue Doug Wilson. Doug es consultor de algunas de las personas de más éxito y más ricas del mundo. Lo había conocido durante veinticinco años pero nunca habíamos estado juntos mucho tiempo. Él y su esposa, Karen, compraron una casa en Laguna Beach poco antes de mi divorcio y eso me permitió conocerlo un poco mejor. Él y su esposa son grandes deportistas y me invitaron a un paseo en bicicleta. No tenía una bicicleta apropiada, de modo que compré una. Quería relacionarme con ellos. Quería tener amigos en niveles que nunca antes había tenido, así que el paseo en bicicleta era una manera de lograr eso. Bueno, al menos pensaba que lo era. Yo era entusiasta pero no tenía práctica y antes que terminara el paseo, había tropezado con un poste; me lastimé el brazo y sufrí un golpe en la cadera que todavía me duele un año después. También me caí de la bicicleta por lo menos cinco veces, ya que no pude sacar los zapatos de los pedales. Una caída fue frente a un hombre mayor que dijo haber hecho lo mismo años antes y tuvieron que hacerle una operación en la cadera como resultado de eso. Yo estaba tirado en el pavimento, mirándolo con gran dolor y suponiendo una cirugía de grandes proporciones mientras pensaba: *Bien, al menos estoy relacionándome a nuevos niveles con Doug.*

Aprendí a relacionarme en nuevos niveles con Doug. Él me ayudó a ver los errores que yo había cometido y los problemas por los que estaba pasando. Mi cadera me dolía por haber pasado ese tiempo juntos pero él me ayudó a sanar mi corazón. Lo respeté lo suficiente como para escuchar cuando me señaló algo en mi vida que él consideraba que debía cambiar. Estoy muy agradecido por mis momentos con él y mis momentos con Milan pero ellos no habrían sucedido si yo no hubiera estado dispuesto a ver el modelo de falta de relación en mi vida y hubiera querido arreglar eso. Si no hubiera aceptado los aspectos evasivos de mi personalidad, no podría haberlos reparado. Si todo lo que yo hacía era defender mi vida como hombre casado, nunca hubiera podido prepararme para una vida nueva y un nuevo futuro. Si estaba dispuesto a arriesgar eso en una nueva relación, las cosas serían distintas.

Después de seis meses de soledad y aflicción, comencé a salir con amigas en medio de un análisis de mis modelos de falta de relación y a desarrollar nuevos niveles de relación. No todas eran citas amorosas pero al menos comencé a pasar tiempo con algunas personas del sexo opuesto. Tenía un poquito de miedo al principio pero trataba de estar alrededor de otras personas en lo posible, solo para cerciorarme de que no estaba metiéndome en una situación que estuviera más allá de mi capacidad de manejarla. Algunos creen en las citas amorosas y otros no pero para mí fue una experiencia maravillosa y valiosa.

Salí con una veintena de personas pero la persona que influyó más en mi vida fue Misty. Ella estaba llena de vida y era una persona que se relacionaba con casi todo el mundo con quien se encontraba. Misty le caía bien a la gente. A todos en mi familia también les caía bien. Madeline de inmediato se acercó a ella y comenzó a pensar que sería una excelente esposa para mí. Le pregunté por qué y ella me dio tres razones:

1. Pensaba que Misty sería una madrastra muy buena.
2. Le caían bien sus dos niños, James y Carter, de cinco y siete años respectivamente.
3. Dijo que finalmente seríamos una verdadera familia.

Pensé que eran razones maravillosas.

Misty se ganó el corazón de Madeline y el corazón de todos

aquellos con quienes ella se encuentra. También ganó el mío pero eso era un reto para mí. A medida que me recuperaba del divorcio, comprendí que la contribución más importante que yo había hecho era cuando decidí casarme con Sandy. Aquella vez escogí a alguien que me permitiera seguir siendo evasivo y no relacionado. Había algo favorable en cuanto a la crítica que yo recibía. Estaba acostumbrado a ella y me dio una constante excusa para no relacionarme. Pero con Misty fue diferente. Ella quería saber acerca de mi vida. Quería conocer los detalles y ella quería relacionarse con toda mi vida. Quería conocerme profundamente y deseaba que yo la conociera a ella. Era precisamente el tipo de relación opuesta a la que yo estaba acostumbrado.

Si no hubiera hecho algún trabajo y no hubiera investigado la verdad acerca de mí mismo, habría dejado ir a Misty. Habría disfrutado de la diversión que teníamos pero habría huido ante la idea de relacionarme a un nivel más profundo. La relación habría sido muy temporal si no hubiera visto a Milan y recibido consejo de Doug y relacionarme con mi amigo Dale. La decisión sanadora que tomé de hacer un análisis introspectivo me permitió permanecer con Misty cuando la relación se volvió incómoda. El trabajo que hice en mi interior me permitió trabajar con la tentación de huir en lugar de quedarme y relacionarme y compartir la vida de una manera más profunda. Me alegro de haberlo hecho.

Una de las sorpresas fue la primera vez que tuvimos un verdadero conflicto. Misty y sus hijos se habían reunido con Madeline, conmigo y con el resto de la familia en Montana para la Navidad. Fue un tiempo mágico que ninguno de nosotros olvidará nunca pero después de la cena una noche hice un comentario acerca de los muchachos. En realidad estaba bromeando pero en la broma insinuaba que estaban un poco fuera de control. Era una tontería y lo sabía aun mientras decía las palabras.

La hora de vuelta a la cabaña no fue nada agradable. Misty estaba enojada y herida y tenía derecho a estarlo. Lo que pensé de inmediato fue que pagaría por esa equivocación mucho tiempo. A la mañana siguiente no sabía qué esperar cuando la vi. Preguntándome cómo se sentiría y deseando resolver el problema cuanto antes, fui a su habitación y toqué en su puerta. Para mi sorpresa ella estaba sonriente, amorosa y se acercó a mí y me dio un abrazo. Lo de la noche anterior había terminado; yo no pagaría el precio de aquello. Ella me había perdonado. Yo estaba asombrado.

Usted pudiera pensar que no sería un problema pero en realidad sí lo era. En mi matrimonio cometí tonterías todo el tiempo. Sandy se enojaba y yo sentía como si estuviera enojada durante días o semanas. Yo tenía la excusa perfecta para permanecer sin relacionarme cuando surgía uno de esos incidentes y yo caía en desgracia. No tenía que soportar la carga incómoda de la intimidad, ya que estábamos separados por mi error o por mi insensibilidad. Eso me permitió vivir en mi propio mundo de aislamiento y alejamiento.

Ahora yo estaba en una relación en la que no fui desterrado del reino durante semanas o meses. Estaba experimentando la relación que ni siquiera una discusión podía deshacer. Era una nueva experiencia, con la que no me sentía cómodo pero era mi primera experiencia como adulto al cultivar una relación auténtica con una mujer. Nunca habría podido hacer eso si no hubiera hecho un análisis introspectivo para descubrir la verdad acerca de mí mismo.

Mi propio "por qué"

Parte de la sanidad para mí fue descubrir mi propio "por qué". Tenía que reflexionar sobre mi historia para descubrir por qué yo había desarrollado ese modelo de prevención y falta de relación. Yo no quería vivir de esa manera, así que deseaba volver a las raíces y ver si podía desenterrar la fuente. Si podía, tal vez sería capaz de establecer nuevos niveles de relación e intimidad. Lo deseaba y estuve dispuesto a trabajar por eso. Pudiera no haber descubierto todas las razones de mi falta de relación pero creo que encontré algunas influencias principales. La primera vino de la familia de mi padre. Mi abuelo no era precisamente lo que pudiera llamarse una persona susceptible. Desde luego que se conmovía con una obra dramática pero no creo que pensara ni se preocupara mucho con lo que sentían los demás. Se le respetaba muchísimo pero no había mucha relación con él. Él crió a mi padre, junto con el resto de sus hijos, con golpes y correazos. Todo era corrección, mantenerse en la línea y cumplir el programa. Mi padre hizo lo mismo con nosotros y lo hizo hasta cierto punto que creí que era abusivo. Él nos castigaba golpeándonos hasta que fuimos grandes y cada azote o golpiza nos separaba a mis hermanos y a mí y nos separaba de él.

También hubo factores de falta de relación de parte de mi madre. Su padre se había suicidado y era algo de lo que no quería hablar. En realidad, hasta que estuve en el tercer año de la escuela de segunda enseñanza, pensé que él había muerto de un infarto. Cuando supe la verdad, me sentí como alguien ajeno a la situación y no le hice caso. Los secretos familiares hacen eso con las personas. El suicidio también había creado algunos problemas con la capacidad de relacionarse de mi madre. Ella era una sobreviviente y no le resultaba fácil relacionarse profundamente cuando tenía un secreto vergonzoso acerca de su padre.

Mi mamá y yo estábamos conversando el otro día acerca de cuánto más ayuda tienen hoy los padres que lo que tenían cuando ella criaba a sus tres hijos. A ella le encanta el doctor Dobson y le oyó explicar que, cuando un niño habla acerca de tener un día terrible o sentirse como si toda la vida fuera horrible, simplemente relaciónese con él en cuanto a eso, dígale cuánto siente que esté teniendo un momento difícil y luego siga adelante. Mamá me recordó que, si cualquiera de nosotros alguna vez hablaba acerca de la vida como que era menos que grandiosa, ella y papá trataban de hablarnos de otra cosa o de convencernos de que éramos mal agradecidos y que teníamos que cambiar nuestra manera de sentir o la manera en que veíamos el mundo entero en general. Se nos decía que nuestros sentimientos eran indebidos, en vez de que nuestros padres respetaran y reconocieran nuestros sentimientos. El rechazo de mis sentimientos se volvió otra excusa para no estar relacionado, en vez de que mis sentimientos sirvieran como punto de partida de la relación.

Había otra razón para mi falta de relación que no tenía nada que ver con mis padres ni con mi pasado. Tenía que ver con las decisiones que tomaba o los errores que cometía y cometí muchísimos errores. Opté por hacer lo malo una y otra vez. Yo tenía una vida secreta en la escuela de segunda enseñanza, en la universidad y a lo largo de los veinte hasta los treinta años. No decía todo lo que yo era; ocultaba casi todo acerca de mí mismo. En vez de aceptar que tenía un aspecto sombrío, un aspecto promiscuo y un corazón rebelde, me separaba y también separaba a los demás de todo eso. Estaba dividido en vez de estar plenamente integrado en un todo saludable.

Aparté aquella parte de mi ser que no quería que se conociera. La oculté y al hacerlo así me escondí de las personas más allegadas. Como resultado de esperar ocultar mis pecados y errores, dejé de relacionarme y comencé el estilo de vida evasivo desde los primeros años de la vida. Me las arreglé con eso pero sin saber que estaba viviendo de la manera que me hacía daño. Fue en mi trabajo con Milan que comenzó el proceso de cambios. El descubrimiento de la verdad acerca de mí mismo llevó a la sanidad que no podía haber venido de otro modo.

Su verdad

Más importante que la verdad acerca de mí es que usted descubra la verdad acerca de usted. Tal vez por eso comenzó a leer este libro y lo sigue leyendo. En realidad, necesita aprender y dejar que lo que aprende lo lleve a la sanidad. Quizás haya sufrido un golpe severo y está tratando de recuperarse de un divorcio o de una muerte o de la pérdida de un empleo o de algo aún más traumático. Tal vez usted esté cansado de no hallar sanidad de algún abuso en su pasado. El abuso deshonesto o el maltrato emocional o físico siguen influyendo en casi todo lo que hace y está preparado para la sanidad. Si lo está, tiene que mirar dentro de usted y descubrir algunas cosas acerca de sí mismo que no son tan agradables. Usted tiene que resolver el misterio de por qué algunos que han sido violados siguen adelante pero usted se ha estancado. ¿Está dispuesto a echar un vistazo? ¿No quiere saber lo que está dentro de usted que lo domina o que lo está volviendo loco? ¿No le gustaría ver algunos de los patrones destructivos que ha desarrollado y cambiarlos por buenos patrones? De ser así, echemos un vistazo.

Hable con franqueza de su vida

Toda persona tiene puntos ciegos. No puntos confusos. Los puntos confusos son aquellos de los que no estamos claros. Sabemos que están allí pero podemos captar lo que son o cómo hacerlos desaparecer. Los puntos ciegos son distintos; los puntos ciegos son aspectos que no vemos en absoluto. No los rechazamos porque ni siquiera sabemos que están allí. Pudiera usted pensar que está plenamente consciente de todos los aspectos de su ser pero no lo está. Hay algunos aspectos que tienen misterios a resolverse que usted no puede solucionar solo, ya que no ve el problema. Está totalmente ciego ante la realidad de lo que hay allí y la única manera en que podrá "verla" es con la ayuda de otros. Ellos le ayudarán a poner al descubierto la verdad a la que probablemente se esté enfrentando si solo supiera que está allí. Pero en primer lugar, antes que pida ayuda con lo que no ve, dé una mirada a lo que sí ve. Ábrase con su propio bisturí y mire lo que puede ver.

El dar esa mirada se le llama de muchas maneras: "Autoexamen" por algunos y "confrontación de sí mismo" por otros. Es tomar su vida y ponerla a la luz de la verdad y ver lo que hay allí. Muchos grupos de recuperación lo llaman "hacer una investigación y tomar un inventario moral sin temor alguno". Es tiempo invertido en busca de sus faltas y defectos, anotándolos y viendo lo que revelan acerca de usted. Hay muchas formas en que puede hacer eso pero puedo simplificárselo. A continuación hay veinte preguntas que le ayudarán a tomar el inventario de su vida:

1. Comenzando tan temprano como pueda recordar, ¿quiénes fueron las personas en su vida que lo ofendieron?
2. ¿Hubo algo que usted hizo que ocasionó esa ofensa, o fueron ellos los únicos responsables?
3. ¿Cuál fue su reacción ante esa ofensa? ¿Los perdonó, guarda rencor o trata de desquitarse?
4. ¿Hay algo que pudiera haber cambiado su reacción ante la ofensa?
5. Comenzando tan temprano como pueda recordar, ¿quiénes fueron las personas en su vida a quienes usted ofendió?
6. ¿Hicieron algo primero que lo ofendió a usted, o actuó sin que lo provocaran?
7. ¿A quién ha ofendido más? Haga una lista de aquellos a quienes ofendió en un orden desde el más hasta el menos perjudicado.

8. ¿Cuál fue su primera reacción cuando comprendió que había ofendido a otra persona?
9. ¿Qué ha hecho para rectificar el problema causado por sus acciones hirientes?
10. ¿Hay algo que usted pudiera hacer por la restitución?
11. ¿Está consciente de sus cinco más grandes fortalezas? Anote las que piensa que son y entonces pida a otras cinco personas que le digan cuáles piensan que son.
12. ¿Está consciente de sus cinco más grandes debilidades? Anote las que piensa que son y entonces pida a otras cinco personas que le digan cuáles piensan que son.
13. ¿Qué ha hecho para usar mal sus fortalezas? ¿Ha sido un buen mayordomo de ellas o las ha desperdiciado?
14. ¿Qué ha hecho para usar bien sus fortalezas? Pida a las mismas cinco personas de las preguntas anteriores en qué han visto que usted las use bien.
15. ¿Qué ha hecho para corregir sus debilidades?
16. ¿Qué puede hacer para corregirlas? Haga una lista.
17. ¿Qué puede hacer para la restitución de aquellos a quienes usted ha ofendido?
18. ¿Quién pudiera ayudarle a andar por la senda del perdón hacia quienes lo hayan ofendido?
19. Escriba un plan para hacer contacto con aquellos a quienes ha ofendido, comience a hacer contacto con ellos si eso no causaría mayor daño y tome notas acerca de lo que ellos le digan acerca de usted mientras analiza su pasado.
20. Pídale a alguien que sea su compañero en la verdad. Pida que esa persona le ayude a descubrir la verdad acerca de sí mismo y lo motive a usted a seguir trabajando en los aspectos que necesita ayuda.

Si da esos veinte pasos, analizando cómo se siente a lo largo del camino y llevando un diario de esos sentimientos y de otras ideas, creo que usted llegará a conocerse mejor. Tomará lo que sepa y lo usará para poner al descubierto lo que no sabe.

AL MENOS OTRA PERSONA

Una vez que haya dado los veinte pasos, tiene información acerca de sí mismo que le ayudará a entenderse mejor así mismo y hará más fácil que alguien más lo entienda a usted. Es prudente tomar esa lista y mostrarla a otra persona a quien usted ama, ya que mantiene la confianza y se compromete a ayudarle a ser la mejor persona que puede ser. Dígale a esa persona que quiere una reacción sincera. Hágale saber que no tiene problemas con la verdad, que usted puede enfrentarse a la verdad. Invite a esa persona a contársela. A medida que pasa por la vida, usted quiere cerciorarse de que haya al menos otra persona que le ha oído confesar sus pecados y sus defectos. Necesita cerciorarse de que al menos otra persona haya oído toda su historia, con todos sus defectos. También necesita cerciorarse de que haya al menos otra persona en este planeta a quien se le permita decirle a usted la verdad acerca de sí mismo.

A menudo los ricos y famosos se vuelven nombres del pasado porque se protegen de la verdad que pudiera incomodarlos. Todos buscamos formas de protegernos de las realidades dolorosas. Creemos un mundo de personas que nos rodeen que no se atrevan a decirnos lo que en realidad necesitamos saber por miedo a que sean desterradas del reino. Si ha hecho eso, eche abajo esos muros protectores para que al menos otra persona le diga lo que necesita saber acerca de sí mismo.

Eche abajo esos muros protectores para que al menos otra persona le diga lo que necesita saber acerca de sí mismo.

También usted necesita cerciorarse de que en este planeta haya al menos otra persona que esté orando por usted. Satanás es real y hay una guerra sobrenatural ahora mismo. La oración es un medio sobrenatural de luchar contra el enemigo, que quiere nada menos que lo peor para usted. Busque a una persona, en su iglesia o en la Internet o entre sus amigos, que tenga una vida de oración y pídale a esa persona que ore por usted mientras investiga la verdad acerca de sí mismo. Cerciórese de que también esté orando. Pida que Dios le revele todo lo que necesita saber para ser más semejante a Él. La oración es un medio sobrenatural de poner al descubierto los puntos ciegos y comenzar a crecer.

La gran mentira
"No hace ningún bien mirar al pasado o mirar hacia dentro".

La gran mentira que usted pudiera usar o que otros pudieran decirle es que no hace ningún bien mirar al pasado o mirar hacia dentro. Mi padre era así. Era muy positivo pero no era muy reflexivo. Para él, simplemente se cometían errores y no se volvía a hablar de eso. Sencillamente había que seguir adelante. Tenemos que "proseguir" según la Biblia y mirar al pasado es menos que seguir adelante (Fil. 3:12). Hay un versículo en Hebreos que nos exhorta a que nos despojemos de todo peso que nos impide realizar lo que Dios nos ha llamado a hacer. No escuche la gran mentira. Si está atormentado por la culpa, la vergüenza, el remordimiento, el enojo, la furia, la ansiedad o el temor de su pasado, usted tiene que esforzarse por resolver el misterio de por qué hay esos sentimientos.

Esas cosas son el peso o la carga de la que tiene que despojarse. Hágalo antes que sea demasiado tarde. Hágalo antes que haya más corazones quebrantados y más relaciones destruidas. Hágalo antes que pierda un día más de vivir como Dios quiere que usted viva. Hágalo y no escuche a nadie que le diga que eso es destructivo. Vuélvase el mejor estudiante de sí mismo. Conózcase a sí mismo para que pueda llegar a conocer todo lo que Dios ha planeado para usted y pueda vivir según ese plan.

Cómo cruzar los límites

Casi todos nosotros queremos creer que podemos atravesar nuestros rechazos, hacer brillar una luz en todos nuestros puntos débiles y desarrollar nuevas perspectivas de nosotros mismos sin lo desagradable de trabajar con otra persona. La realidad es que usted debe tener a alguien que le ayude. He sugerido que reciba ayuda de un amigo de confianza pero a veces requiere más que la experiencia de un laico para ayudarle a ver en qué necesita hacer cambios. A veces tiene que aceptar sus límites, buscar más allá de sí mismo y de sus amigos y procurar tratamiento de un profesional. El ayudar su vida recibiendo tratamiento pudiera ser el paso más importante que pudiera dar. Analizaremos esa elección en otro capítulo pero antes de que llegue allí, hay algún trabajo adicional en la esfera del sentimiento que pudiera hacerlo libre para sanarse. Cuando haya examinado la verdad acerca de sí mismo, pudiera haber puesto al descubierto algunas pérdidas por las que no se ha afligido. En el capítulo siguiente veremos la importancia de la aflicción en el proceso de sanidad.

La sanidad es una elección. Es la elección de Dios pero hay decisiones que tomamos para asegurarnos de experimentar la sanidad que Dios tiene reservada para nosotros. La sanidad es una decisión de descubrir la verdad acerca de sí mismo y resolver los misterios que hay en ella. Hoy es un gran día para comenzar a sanar o a profundizar en su sanidad al descubrir una nueva verdad acerca de sí mismo.

La sanidad es una elección. Es la decisión de analizar su vida en la búsqueda de la verdad.

4

LA CUARTA ELECCIÓN:
La decisión de sanar su futuro

LA CUARTA GRAN MENTIRA:
"El tiempo sana todas las heridas".

GRANDES SUEÑOS

¿Tuvo usted grandes sueños para su vida que nunca se han vuelto realidad? ¿Había una creencia de que crecería, descubriría fácilmente a quién Dios escogió para usted, se casaría con esa persona, haría mucho dinero, tendría hijos que nunca fueron un problema y que seguirían viviendo felices? Tal vez sus sueños fueran aún mayores y más atrevidos que ese. ¿Fue su sueño llegar a ser una estrella del escenario o de la pantalla? ¿Se le dijo que tenía gran talento y que debía aprovecharlo y llegar a la cima? ¿Era su sueño llevar una vida apacible enseñando en una universidad con la seguridad de un puesto permanente, escribiendo un libro de éxito tras otro? ¿Tuvo sueños que nunca se hicieron realidad? Yo los tuve. Todo lo que mencioné aquí son sueños que nunca se hicieron realidad.

Casi todos los hombres tienen grandes sueños de conquistar algo o de alcanzar la grandeza. Hacemos todo lo posible por sobreponernos a las circunstancias de nuestro nacimiento y de nuestra niñez pero rara vez lo logramos. Rara vez ganamos a nuestros padres o logramos más que ellos. El fuego de un padre que es grandioso a menudo resulta en ceniza humeante en el hijo que se esperaba que llegara a ser un gran líder o un gran ministro. Casi todos terminamos con vidas comunes y corrientes, simplemente esforzándonos por arreglárnosla. Pensábamos que influiríamos en nuestro mundo pero no alcanzamos nuestras propias expectativas y tampoco las expectativas de los demás. Los hombres quedan atrapados hasta cierto punto en el fracaso porque no se cumple el sueño y muere el deseo de influir en su mundo.

Las mujeres casadas a menudo terminan en el mismo tipo de trampa. Pienso que es muy común que las mujeres crean que crecerán y se casarán con alguien que sea casi un príncipe. Creen que ha de ser bien parecido y que siempre la tratará de una manera caballerosa. Sueñan en largas conversaciones e íntimos detalles de un día. Cuando ese sueño no se hace realidad, viven desilusionadas. Cada día se vuelve monótono, viviendo con un hombre muy distinto de lo que querían y pensaban que tendrían. Cada día se convierte en otro día de sentimientos heridos y expectativas insatisfechas.

Heridas y desesperanzas

Hay otros que no tienen sueño alguno, ya que han resultado tan heridos que no creen que los sueños se hagan realidad, al menos para ellos. Usted pudiera ser uno de esos a quienes se le maltrató o se le descuidó cuando era niño y eso sigue influyendo hoy en usted. Alguien pudiera haber sido malo con usted y haberse aprovechado de usted y haberlo hecho sentir como un objeto, un pedazo de carne; cualquiera cosa menos una persona. Pudiera haber sufrido porque murió un ser querido. El enojo por esa pérdida pudiera estar todavía presente. Pudiera ser una persona con un defecto físico. Pudiera tener una enfermedad o una incapacidad que usted desprecia y que quisiera librarse de ella. En realidad, usted pide todos los días que desaparezca pero nunca desaparece. Se siente abandonado por Dios, herido y sin esperanzas mientras lucha con la vida.

He hablado y trabajado con personas que han vivido durante décadas en el dolor de sueños frustrados y expectativas arruinadas. Siguen sufriendo a los cincuenta o sesenta años debido a algo que ocurrió cuando eran niños o adolescentes. Sea lo que sea, nunca han superado eso y han ido más allá. Siguen pensando en eso que los consume y que les roba la vida que pudieran tener.

El violador que los tocó físicamente sigue violándolos emocionalmente, ya que nunca han ido más allá de ese sufrimiento. Han optado por permitir que la persona que les robó la inocencia les quite sus sueños y sus esperanzas. ¡Cuánto sufro por esas personas! Si usted es una de ellas, deseo que se esfuerce y vaya más allá de la lucha en que se encuentra estancado. No quiero que esa persona lo hiera un día más. Quiero que experimente la sanidad que lo librará totalmente de cualquier influencia que el violador pudiera tener en usted. Ahora mismo estoy pidiendo a Dios que esa sea la elección que lo hará libre.

El arrastrar el pasado hacia el futuro

Cada vez que arrastramos nuestro pasado hacia el futuro, tenemos que afligirnos por algo. Cuando nos negamos a afligirnos, nos aferramos al peso de la vida que nos va bajando lentamente y que nos impide que hallemos nuestra vida. Descubrí que una parte de mi pasado estaba afectando todo mi futuro. Pudiera usted preguntarse cómo pude haber cometido ese error. Hay momentos en que me pregunto eso también pero permítame decirle cómo mi vida en la escuela de segunda enseñanza me afectó profundamente durante muchos de los años siguientes.

He escrito antes acerca de esto pero quiero contárselo otra vez. En la escuela de segunda enseñanza tuve una novia increíble. Ella era alta, rubia y hermosa. Su sonrisa animaba mi alma. No podía creer que me amaba pero así era. Íbamos a lugares especiales con sus padres y experimenté cosas que mis padres nunca pudieron haber provisto para mí. Éramos una pareja de ensueños y nuestra foto terminó en la cubierta del anuario. Incluso tuvimos nuestro propio programa de televisión. Me había divertido con ella y me había interesado mucho por ella pero me interesaba otra persona mucho más: Yo mismo.

Destruí la relación y ella rompió conmigo debido a mi conducta egoísta y a mi obsesión conmigo mismo. Fue una pérdida como la que muchos experimentan después de estar casados durante años. Fue una pérdida que nadie comprendió. Pensaban que era amor de adolescente pero para mí fue el amor de una vida; al menos lo fue en aquel tiempo. Así que sufrí en silencio, sin admitir nunca que me sentía devastado por la pérdida que yo había causado.

Me enfermé y me puse ansioso. Traté de controlar las cosas, traté de recuperarla pero nada dio resultado. Más adelante en la universidad, por poco tiempo, volvimos pero volví a estropearlo todo. Perdí a la persona que significaba tanto para mí y no pude recuperarla. A veces pienso que Dios la había protegido de mí. Se amontonaron todas esas emociones y me dejaron con una obsesión y un dolor que dominó todo lo que hice durante años en el futuro.

Ella era un año más joven que yo. Asistía yo al *Texas A&M*, de modo que podía quedarme en la misma ciudad con ella. No pude asistir a la misma escuela cuando ella se fue para *SMU*, así que me matriculé en Baylor, cerca de Dallas. Estaba tan enamorado de ella que no podía soltarla. Estuve saliendo con su prima solo para estar cerca de ella. No podía soltarla. Al menos *yo no la soltaría*. Me encontré tomando decisiones basadas en lo que ella pensara de mí. El dolor y la pérdida estuvieron conmigo cada día.

Nadie lo habría sabido. Yo era siempre el alma de la fiesta pero todo seguía allí. Me negué a contar mi vida secreta de dolor y angustia, de modo que me aislé de los demás. A nadie le permitía entrar y el muro que construí se hacía cada vez más grueso. Todo eso ocurrió debido a un amor escolar que nunca pude revivir.

Años después, en una sesión de terapia con un hombre en quien yo confiaba, finalmente tuve la franqueza de expresar mis sentimientos respecto a mi amor de la escuela de segunda enseñanza. Me sentía avergonzado pero sabía que tenía que hablar acerca de eso. Él trató el asunto como si hubiera sucedido ayer y como si fuera la peor herida que hubiera tratado alguna vez. Me invitó a que hiciera algo que yo lo invito a usted a que lo haga. Me invitó a que tomara la difícil decisión de afligirme por la pérdida y librarme de ella. Me invitó a que permitiera que mi vida siguiera sin que mi amor perdido formara parte de mi realidad. Me invitó a aceptar la vida como era. Me invitó a que sanara mi futuro.

La sanidad de su futuro

La Biblia nos dice que no nos preocupemos por el mañana, ya que el mañana tiene suficientes problemas. Una vez que llega, el mañana pudiera presentar más problemas que el hoy, así que no traiga ese problema a su vida con antelación (Mt. 6:34). Es un consejo bueno y espiritual no preocuparse por su futuro pero también es buen consejo sanar su futuro para que el mañana tenga los menos problemas posible. Algunas personas nunca dejan de pensar en cómo pudieran sanar o arreglar su futuro. Hay algunas formas prácticas de hacer de su futuro lo mejor posible. La Biblia nos dice que observemos la hormiga para una lección en la sanidad de nuestro futuro:

Ve a la hormiga, oh perezoso, mira sus caminos, y sé sabio; la cual no teniendo capitán, ni gobernador, ni señor, prepara en el verano su comida, y recoge en el tiempo de la siega su mantenimiento. (Pr. 6:6-8)

Alguien pudiera leer eso y decir que la hormiga estaba un poco preocupada por el tiempo de la siega. Saber la realidad de algo y prepararse para ella —hacer el trabajo— no es preocuparse. Una manera de que la hormiga se prepare para el tiempo de la siega es haciendo los preparativos y acopiando provisiones. Si actúa con pereza acerca del futuro, eso resultará en un estómago vacío y en la muerte. Es durante el verano que la hormiga decide prepararse para la otra temporada. Cada uno de nosotros puede hacer lo mismo.

Podemos hacer más seguros los próximos años al guardar algún dinero. Podemos enriquecer nuestros años futuros formando sólidas relaciones que duren toda la vida. Podemos formar una familia amorosa que cuide de nosotros en los últimos años de nuestra vida. También podemos sembrar algunas semillas sanadoras que producirán una cosecha de paz y de serenidad. El afligirse sana nuestro futuro. El hacer el difícil trabajo de afligirse ara los campos y suaviza el terreno para una cosecha saludable de relaciones y para llevar una vida con propósito y sentido. Cuando nos afligimos, nos acercamos a Jesucristo, seguimos su ejemplo y hacemos exactamente lo que Él hizo.

Las pérdidas por las que no se ha afligido

Cuando nos negamos a afligirnos, arrastramos nuestro dolor a lo largo de toda la vida. Karen es un patente ejemplo de lo que ocurre cuando hacemos eso. Ella tuvo un padre irresponsable que estaba tan obsesionado consigo mismo que nunca pensó en la influencia que estaba teniendo en la vida de sus hijos. Se desilusionó mucho cuando nació Karen; él quería un niño y terminó con una niña. Casi todos los padres se olvidan de su preferencia cuando dan la primera mirada al bebito pero no ocurrió así con él. Cuando Karen tuvo edad suficiente para entender, su papá le hizo saber que él había querido un niño. Él nunca la reconoció frente a los demás como su hija. La mencionaba de modo impersonal como "la niña que vive con nosotros", queriendo decir con su esposa y con él. Hasta donde Karen puede recordar, él nunca le mostró amor. Ella se sintió rechazada, como una marginada. Finalmente su padre abandonó a la familia y comenzó una segunda familia con otra esposa.

Karen pasó sus años escolares como una solitaria. Una amable consejera en la universidad le extendió la mano y la ayudó a integrarse a la vida universitaria. Asistió a un cursillo sobre el perdón algunos años después de graduarse de la universidad que le ayudó a perdonar a su padre. Pero eso no le ayudó a superar su deseo de que él se mostrara como padre suyo. En uno de nuestros cursillos tuvimos una sesión de preguntas y respuestas con el público. Karen fue al micrófono para ayudar. Mientras estuvo delante de nosotros, quiso saber si había hecho todo lo que pudo hacer para ganar el afecto de su padre. Ella estaba llorando.

Karen nos contó llorosa la triste historia de cuando al fin le siguió la pista y lo encontró en otra ciudad. Ella lo llamó, dijo que quería verlo y le preguntó si él podía ir hasta allí. Le respondió que no. Entonces ella le preguntó si podían encontrarse a medio camino. Sollozando, contó cómo su padre decía que ni siquiera tenía tiempo para encontrarse con ella en el camino y cómo ella montó en su automóvil y viajó toda la distancia que los separaba para verlo. Karen llamó por teléfono cuando llegó pero su padre dijo que no tenía suficiente tiempo para verla. Ella se sintió herida, abandonada y totalmente rechazada.

Hablamos acerca de su necesidad de que él fuera su padre.

Ella dijo que todo el mundo necesita un padre. Le dijimos: "No ese padre". Ella seguía aferrándose a la creencia de que él pudiera acercarse, de que cambiara y llegara a ser el padre que ella siempre quiso tener. Sabíamos que ella nunca se había afligido por la pérdida de su papá. Sus lágrimas mostraban cuán fresca estaba la herida; mostraban que nunca había sanado su futuro. Ella tenía que sanar su futuro, ya que ese hombre controlaba demasiado su presente y su futuro. El afligirse sería la única manera en que ella pudiera librarse de todo eso.

Usted pudiera pensar que es algo horrible abandonar a un padre. No puedo pensar en muchas cosas más difíciles; pero ¿cuáles eran las opciones de Karen? Ella podía aceptar la realidad, afligirse por la pérdida y olvidarse de la expectativa; o ella pudiera pasarse la vida sintiendo el dolor como si fuera ayer. El afligirse le permite seguir adelante, liberarse del dolor y de la agonía. Las lágrimas profundas se volvieron un ligero gimoteo, luego un nudo en la garganta y después un pensamiento efímero. El afligirse deja al buitre que abusó de usted, que lo abandonó o que lo descuidó y lo convierte en un mosquito al que se le puede espantar fácilmente. La realidad de eso está siempre allí pero no interfiere con la manera en que usted lleva su vida.

Experimentado en la aflicción

Jesucristo fue "varón de dolores experimentado en quebranto" (Is. 53:3). Eso presenta la pregunta: ¿Por qué se quebrantaría? Tal vez fuera la pérdida de un mundo perfecto. Tal vez se afligiera por la pérdida de la posición que tenía y que abandonó para ponerse una ropa terrenal, bajar del cielo y vivir como vivimos y morir por nosotros. Esa fue una gran pérdida, un trono en el cielo. Tal vez Jesús se afligiera por la pérdida de todos los que no creyeron en Él y decidieron seguir su propio camino. Tal vez incluso se afligiera por los errores que yo cometería y anhelara una relación más íntima en la que yo dependiera solamente de Él y no de mis propios instintos y fuerzas. Tal vez se afligiera por la pérdida de la lealtad de usted, o por el futuro que Él había escogido para usted y que usted no aceptó. No sé por lo que Él se afligió pero sé que se sintió muy abatido y experimentó lo que muchos de nosotros hemos de pasar.

El que Jesús anduviera por donde nosotros necesitamos andar me da consuelo y valor al mismo tiempo. Puedo compartir su sufrimiento y puedo relacionarme con Él cuando paso por el proceso de la aflicción. Puedo confiar en que Él sabe cómo consolarme, ya que Él ha sufrido y lo ha experimentado todo. También puedo descansar seguro de que es lo que debe hacerse. Si se nos llama a hablar muy felices todo el tiempo y a tener una sonrisa en el rostro todo el tiempo, entonces no pienso que a Jesucristo debiera habérsele llamado "varón de dolores experimentado en quebranto".

Pérdidas por las que no se ha afligido

¿Está luchando con las pérdidas por las que no se ha afligido? ¿Hay cosas en su pasado con las que sigue luchando hasta hoy? De ser así, puede afligirse por esas pérdidas y puede entrar en un nuevo futuro libre de desesperación y sufrimiento. Primero tiene que hacer algún examen de cuáles son esas pérdidas por las que no se ha afligido. No fue difícil que Yvonne entendiera; ella sabía exactamente lo que la hacía sufrir. Un amigo de la familia había abusado sexualmente de ella hacía muchos años, cuando era una niñita. Ahora a los cincuenta años, ella seguía pesando más de la cuenta y seguía siendo una niña en su manera de vivir. Una mujer muy de su casa sería una descripción precisa. Mientras Yvonne trabajaba con la cuestión de su peso, aceptó la teoría de que deseaba un límite para impedir que fuera usada otra vez como objeto sexual. Lo que estableció fue un muro que era impenetrable por *cualquiera*. No permitía que nadie entrara, ya que nadie estaba seguro. Cada día Yvonne revivía el dolor de ser pasada por alto por sus padres y luego de ser observada por un amigo íntimo de la familia, que repetidamente la usó. Ella odiaba al hombre y aborrecía el pensamiento de su toque. Pensaba en eso cada día. Ella veía a un hombre que se pareciera al que la había violado y se volvía obsesiva con él. A lo largo del camino algo le sucedió; perdió sus lágrimas. No podía llorar, sin que importara cuán triste fuera lo ocurrido. Eso hizo que se sintiera insensible y no se conmovía con lo que conmovía a los demás. Ella era una mujer dulce. Se había gastado la vida de Yvonne dando pasitos de niña a fin de sanarse.

Mientras resolvía su pasado, pasó por el proceso de perdonar al hombre que había abusado sexualmente de ella. Yvonne simuló que él estaba sentado en una silla vacía en medio de una habitación y ella le dijo lo que había sentido. Ella contó su sufrimiento y le pidió a la silla que le dijera por qué. Gritó pidiendo ayuda por primera vez. Ella sintió y lo experimentó todo otra vez pero nunca lloró.

No salieron las lágrimas hasta que Yvonne entró en la esfera de aflicción por lo que había perdido. Durante años pensó que había perdido su virginidad. No la había perdido, ya que había sido violada. Técnicamente seguía siendo virgen y llegó a comprender eso. Había aún algo por lo que ella nunca se había afligido; fue la pérdida de su inocencia.

Recordó cuán ingenua había sido antes del abuso deshonesto, cuán dulces, buenos y positivos habían sido sus pensamientos. Ella reflexionó sobre días felices con sus amigas que se convirtieron en días tristes sentada sola y avergonzada. Comenzó a ver cómo su vida había cambiado tan radicalmente y todo lo que había perdido. No volvería a recordar algunas cosas, ya que se retiró de la vida y desarrolló su propio mundo para protegerse. Perdió la niñita que era pero nunca se afligió por la pérdida. El daño que se le hizo se convirtió en lo principal de su vida. Se le definía por eso y no podía moverse más allá de eso hasta que perdonara al hombre y se afligiera por la vida de seguridad que nunca había conocido. Así que Yvonne se angustiaba.

Yvonne trabajó con su consejera, contando historias de lo que pudo haber sido su vida. Ella describió las citas amorosas con los muchachos y las tardes de verano pasadas cómodamente junto a una piscina. Inventó historias de romance que pudiera haber vivido. Describió una fracasada fantasía que había estado en su mente durante muchos años. Y entonces comenzó a liberarse de ella. Estuvo dispuesta a ver más allá de eso. Estuvo dispuesta a admitir que era una carga pesada que había llevado consigo y echó aquella carga en un mar de lágrimas que había comenzado a fluir otra vez.

Yvonne cambió su sonrisa de niña y su furia interior por la tristeza y la aflicción de una vida perdida. Pasaron días antes que sintiera la plena profundidad de su aflicción pero cada vez que estaba con su consejera o escribiendo en su diario, iba profundamente a ella. Sintió el dolor y dejó ser consolada en medio del dolor. Permitió que su hermana la sostuviera y la acariciara mientras las lágrimas corrían. Yvonne dejó cada sesión sintiendo cada vez menos carga que llevar. Finalmente su aflicción la liberó.

Cambie sus emociones

"De cierto, de cierto os digo, que vosotros lloraréis y lamentaréis, y el mundo se alegrará; pero aunque vosotros estéis tristes, vuestra tristeza se convertirá en gozo" (Jn. 16:20). Al otro lado de la tristeza está el gozo. En la aflicción silenciosa y el dolor nos expresado, se priva uno del gozo. Por último, el afligirse es una decisión para sanar su futuro y sustituir su dolor con alegría. Usted cambia el dolor persistente que no desaparece por el dolor profundo de la aflicción que desentierra los residuos emocionales de su vida y lo deja libre para hallar y experimentar el gozo. En la aflicción hay una limpieza del sentimiento que pone al descubierto lo que hay enterrado y hay liberación al abandonar lo que ha sido una compañía constante. El dolor que se siente ahora quita el curso del dolor en el futuro. Se resuelve y ya no necesita que se le alimente o se piense en él o se le proteja.

Las pérdidas y el sentimiento de llevar una vida "menos que" se cambian por las ganancias y la libertad que resultan de vivir la realidad de la pérdida. El alejamiento se cambia por un sentimiento de relación, de pertenencia y de comunidad. La dependencia en sus propios recursos y tácticas de supervivencia se cambian por una confianza en Dios y por una dependencia en Él y en su camino. El sentimiento de ingenuidad se sustituye con el de sabiduría e inteligencia. Eso se usa para ir más allá de simplemente relacionarse con los demás y extender la mano y ayudar a otros. El afligirse le permite cambiar el vacío de su mundo protegido por la plenitud de vida con los demás. Los viejos sentimientos y los antiguos caminos se cambian por una vida nueva.

Defensas y simulaciones

Así que ¿cómo sabrá usted que está progresando? ¿Cómo sabrá que está de veras resolviendo el dolor en vez de escarbando en las viejas heridas y viviendo innecesariamente en el pasado? Lo sabrá porque está comenzando a abandonar algunas de sus defensas y su actitud defensiva. Nos protegemos de más dolor cuando no hemos experimentado por completo nuestra angustia. Arreglamos nuestra vida de manera que no tengamos que soportar más de lo que podemos soportar, así que nos defendemos al no permitir que otros le digan la verdad a nuestra vida. Si lo hacen, los echamos de nuestra vida. Después de afligirnos por las pérdidas, estamos más dispuestos a oír y a escuchar la verdad.

Ya no estamos viviendo en el borde de lo incontenible, de modo que permitimos que las personas se relacionen con nosotros a niveles más profundos. Notamos que podemos vivir en medio de la vulnerabilidad de la relación.

También comenzamos a notar que tenemos cada vez menos necesidad de presentarnos como algo distinto de lo que en realidad somos. Dejamos de poner muros de simulación. Ya no hacen falta las pequeñas mentiras que desvían a las personas de la vida real que estamos viviendo. Nos damos cuenta de cuándo no somos veraces y somos veraces cada vez más. No tenemos por qué ocultarnos tras las viejas apariencias que nos protegían del sufrimiento pero impedían que conociéramos la vida que Dios tenía para nosotros.

La gran mentira
"El tiempo sana todas las heridas".

La gran mentira es que el tiempo sanará sus heridas profundas. Espere y verá que un día despertará sintiéndose mejor, es la falsa esperanza de esa mentira. No he visto que sea cierta en mi propia vida ni en la vida de los demás. En realidad, es todo lo contrario. El tiempo parece infectar las heridas que ya están allí. Cuanto más tiempo vivimos con ellas, tanto mayor será el daño pero deseamos creer que solo necesitamos tiempo. Lo que necesitamos es tiempo bien invertido en resolver nuestro pasado y sanar nuestras heridas.

Usar bien su tiempo puede ser la decisión sanadora más eficaz que puede tomar. ¿Invertirá su tiempo solo e hiriéndose a sí mismo? Si lo hace, no hay mucha posibilidad de que la mente herida que lo llevó allí va a ayudarle a salir de esa situación. Esa mente solamente lo apartará cada vez más de donde pudiera estar; de donde Dios quiere que esté. Si quiere tiempo para ser sanado, busque los lugares donde ocurre la sanidad y pase tiempo allí haciendo el trabajo requerido. Niéguese a creer o a vivir en la mentira de que el tiempo lo va a sanar. El tiempo desvanecerá el dolor y aliviará su desesperación pero no lo sanará. Sálgase de la cura del tiempo y vaya a una comunidad sanadora donde pueda afligirse por sus pérdidas, librarse de ellas y de sus expectativas y aferrarse a la vida que está a su disposición.

Poder limpiador

El deshacernos de quien queremos ser y quien simulamos ser nos lleva a quienes en realidad somos y descubrimos que es suficiente quienes somos. Hemos sido creados excepcional y maravillosamente con todo lo que necesitamos. Estropeamos todo eso y otros tratan de estropearlo para nosotros pero la aflicción es un poder limpiador que resuelve ese desorden, de dondequiera que venga. El salmista dijo: "Se deshace mi alma de ansiedad" (Sal. 119:28). No estaba solo derramando lágrimas; estaba limpiando su vida del pasado. Estaba sanando su futuro. Estaba librándose de lo que era y de lo que pudiera haber sido y alcanzando lo que es y lo que va a ser.

En ese profundo proceso de limpieza, llegamos al punto en que comprendemos que ya no nos aferramos con tanta fuerza a la palabrita que hemos creado. Comprendemos que podemos librarnos de ella. Nos libramos del pasado, nos libramos de las expectativas no cumplidas y nos libramos de un concepto de Dios en que se supone que Él nos proteja de todo sufrimiento y dolor. En las más profundas formas de aflicción, nos liberamos y hallamos sanidad.

¿Necesita liberarse? ¿Necesita volver a los brazos de Dios y permitir que Él lo sane? ¿Necesita expresar sus sentimientos y acudir a Él? ¿Necesita pedirle poder para liberarse? Si lo hace y persevera con Él, se lo concederá porque, según su Palabra, es lo que Él quiere hacer para su corazón.

LA DECISIÓN DE SANAR SU FUTURO

La sanidad es una elección. Es la elección de Dios pero podemos tomar decisiones para permitir que la sanidad que Él tiene para nosotros se manifieste en nuestra vida. La sanidad es la decisión de librarnos de nuestras heridas pasadas al afligirnos por ellas y el afligirse es una decisión de sanar el futuro.

5

LA QUINTA ELECCIÓN:
La decisión de ayudar a su vida

LA QUINTA GRAN MENTIRA:
"Puedo resolver esto solo".

Una vez que haya analizado su vida, haya buscado la verdad en su vida y se haya afligido por las pérdidas, está preparado para la decisión de extenderse hacia afuera y ayudar a su vida. Cuando la verdad lleva a la realidad que la ayuda es necesaria, decidir recibir ayuda es el próximo paso a dar. Requiere valor buscar, obtener y utilizar cualquier recurso que necesite para tratar los aspectos no tratados de su vida. Pero no todo el mundo tiene el valor. No todo el mundo está dispuesto. Precisamente el otro día hablé con un hombre de treinta y ocho años muy brillante. Bueno, dije que era brillante, muy brillante y quiero decir por su capacidad cerebral pero en cierto sentido demostró que no era tan brillante. Ese hombre tiene un coeficiente de inteligencia muy alto, es un microbiólogo y físico nuclear, o al menos tiene el título y la experiencia para serlo. Sin embargo, él es un empleado del correo que maneja solitario en un camión, vuelve a una casa vacía sin siquiera una mascota, ve televisión, se va a acostar y comienza de nuevo todo el proceso al día siguiente.

Él sufre de ansiedad social. Las personas lo sacan del muro o lo suben a él. Se siente incómodo cada vez que está alrededor de otras personas. Esa incomodidad a veces lleva a relaciones indebidas, lo que le ha hecho perder empleo tras empleo. Después del fiasco de su último empleo, vio un anuncio en el periódico en cuanto al trabajo de cartero y ha podido mantenerse como empleado postal durante algunos años. Ha podido ganar un salario de manera continua pero es un desdichado.

Es difícil presentarse día tras día y hacer un buen trabajo como cartero si uno se siente llamado a ser microbiólogo. Muchos de nuestros oyentes son carteros que nos sintonizan todos los días mientras reparten la correspondencia y les gusta su trabajo. A algunos les gusta estar al aire libre y otros sienten un sentido de relación con las personas a las que llevan cartas; se sienten animados por el trabajo. Sin embargo, sería un trabajo muy difícil si cree que usted estaba destinado a ser microbiólogo. El repartir correspondencia sería un trabajo muy difícil si tiene recuerdos de querer conocer los detalles en cuanto a cómo funcionan las cosas y de pasar horas en su niñez observando las hojas y el agua del mar y cualquier otra cosa que pudiera ver bajo su microscopio.

Le pregunté a ese hombre con un coeficiente de inteligencia superior al mío y que tenía la capacidad de estudiar y de concentrarse más que yo: "¿Qué ha hecho para ayudarse a sí mismo a sentirse más cómodo alrededor de otras personas?" Él no había hecho nada. Nunca había buscado ninguna ayuda para sí mismo. Nunca había buscado ansioso alguna información en el sitio de *Google* ni había buscado en las páginas amarillas para encontrar un consejero. Él escuchaba *New Life Live,* pero nunca había llamado al número 1-800-639-5433 para explorar la posibilidad de conseguir un consejero. En medio de su lucha y dolor, se aferró al concepto de que un día hallaría la respuesta y se ayudaría a llevar la vida que deseaba. Sin embargo, a su edad, la rutina en que estaba viviendo se estaba haciendo cada vez más profunda. Tal vez el hablar conmigo fuera su primer paso hacia la sanidad de su vida.

El contar con la mente enferma

Pienso que debemos sentirnos bien acerca de nosotros mismos y ser agradecidos por los dones que Dios nos ha dado. Estoy asombrado ante las maravillas de su creación que llamamos hombre y mujer. Solamente nuestros cerebros están más allá de mi capacidad de comprender. Cuanto más aprendo acerca de las computadoras, tanto más me asombra la que tengo en mi cerebro. Debemos edificarnos mutuamente al hablar de modo positivo acerca de cuán grandiosa creación somos y cuán maravillosamente inteligentes somos. Esas son cosas agradables que podemos hacer pero en medio de nuestra conversación feliz, debemos aceptar la realidad que salta a la vista de que cada uno de nosotros, hasta cierto punto, tiene una mente enferma. Sus cables y su química pudieran estar funcionando perfectamente pero está funcionando en el estado humano de enfermedad perpetua que nos lleva por sendas que no queremos ni necesitamos andar.

En medio de nuestra conversación feliz, debemos aceptar la realidad que salta a la vista de que cada uno de nosotros, hasta cierto punto, tiene una mente enferma.

"Delante de cada persona hay una senda ancha y fácil de seguir" (Pr. 14:12, paráfrasis del autor). Hasta donde puede verse el final de esa senda, parece un camino agradable de andar. Sin embargo, usted termina en medio de la muerte y la destrucción cuando toma la senda hacia donde quiere ir. Esa senda no es la senda de la verdad, no es la senda de la sabiduría y no es la senda de Dios. Es la senda de la mente enferma.

La mente que tenemos es un órgano defectuoso. Está tan enferma que los microbiólogos terminan repartiendo cartas. Los pastores terminan vendiendo acciones y seguros. Los hombres casados terminan en relaciones con prostitutas. Las mujeres terminan viviendo como siendo pisoteadas. Los genios terminan detrás de las rejas. Los ricos robando cosas de las tiendas. Personas saludables aumentando ciento ochenta libras. Las madres golpean a los niños que aman. Los padres abusan de modo deshonesto de los hijos que siempre soñaron tratar mejor de lo que a ellos los trataron. Los maestros terminan vendiendo seguros. Los consejeros terminan en relaciones indebidas con aquellos a quienes querían ayudar. Personas divertidas y entusiastas terminan encerradas en la seguridad de sus hogares, incapaces de salir a la puerta de enfrente. La mente enferma hace eso y mucho más.

Las personas pueden ver que su vida cae en completo desorden y confusión. Pueden sufrir confusión y desesperanza durante años y, sin embargo, seguir creyendo que deben hallar y que hallarán un modo de ayudarse a sí mismas. Tal vez hayan oído el término *ayuda de sí mismo* y, sin examinar lo que eso de veras significa, piensan que hay muchas personas con éxito porque han sabido cómo ayudarse a sí mismas. Nada pudiera estar más lejos de la verdad.

La ayuda de sí mismo no es en realidad ayuda *de sí mismo* en lo absoluto. La ayuda de sí mismo que en realidad ayuda es la ayuda de Dios; es la ayuda de grupo; es la ayuda experta. No es otra cosa que la mente enferma de una persona que al fin halla la senda hacia una vida grandiosa y maravillosa. La mente enferma que nos lleva por la senda equivocada no va a ser algo que halle un día la senda recta. A fin de hallar esa senda, debemos buscar ayuda de otras personas. Debemos extender la mano y buscar el tratamiento que necesitamos.

Cuanto más pronto, tanto mejor

Si su mente enferma le está causando angustia, cuanto más pronto reciba ayuda, tanto mejor. Mientras tanto, su cuerpo está dañándose a sí mismo, incluso dañando su mente. En la revista *Newsweek* del 27 de septiembre de 2004, apareció una columna excelente en la página 46, por Josh Ulick. Él explicaba en la columna cómo el cuerpo puede dañarse a sí mismo si no nos liberamos de los problemas de nuestro pasado y de nuestros conflictos. El problema se produce por nuestra capacidad de entrar en acción cuando hay gran peligro. Una reacción química ocurría que ponía el cuerpo en acción cuando un cavernícola veía una amenaza para su familia o para él mismo. Eso era bueno para su familia y para él pero no es tan bueno para nosotros si no vemos el problema y reaccionamos ante él debidamente.

En la actualidad, en vez de tener poder sobrenatural para matar un rinoceronte, nos sentamos y analizamos, ya que para nosotros no hay ningún rinoceronte. Cuando el cuerpo siente una amenaza, se prepara para la acción. En primer lugar, el hipotálamo segrega la hormona corticotrópica que estimula la glándula pituitaria. La pituitaria segrega la hormona adrenocorticotrópica, que va a la glándula suprarrenal. La glándula suprarrenal libera cortisona, una hormona que ayuda a mantener alta el azúcar y da al cuerpo energía extra para que actúe. Si usted habitara en las cavernas, rodeado de rinocerontes, estaría agradecido por ese impulso. Sin embargo, si es contador, pudiera inquietarse y no saber cómo reaccionar ante la química que va a explotar en su cabeza.

Además, hay otras reacciones que producen cambios. Las glándulas suprarrenales producen epinefrina, que aumenta el ritmo cardiaco y de la respiración para luchar mejor y defenderse. También aumenta la presión sanguínea y las piernas y los brazos reciben sangre extra para mayor energía. Todo eso se disipa cuando se mata la amenaza o huye entre los arbustos.

Hoy casi ninguno de nosotros se enfrenta a los rinocerontes. Algunos de nosotros pudiéramos tener jefes que nos perturban y no nos dan descanso. Si los tenemos, los efectos prolongados de esas tensiones pudieran ser muy perjudiciales. Se afectan nuestros recuerdos. Se debilita el sistema de inmunización. Son comunes la hipertensión arterial y las úlceras estomacales. También hay afecciones de la piel y problemas digestivos. Para nuestro bien es bueno que afrontemos el problema cuanto antes, para que los efectos secundarios adversos tengan menos posibilidad de hacernos daño.

Un perro callejero enfermo

¿Haría usted más por un perro callejero enfermo que por usted mismo? La mayoría de las personas ayudarían a un perro callejero que tenga problemas. Si viera un perro a la orilla del camino que ha sido atropellado o que está herido o enfermo, es probable que ayudara a ese perro. Si usted es como la mayoría de las personas, sería difícil que dejara moribundo y sangrando en la calle a un cachorrito desamparado. La mayoría de las personas buscarían el tratamiento debido y hasta lo llevarían a un veterinario sin problema alguno. Si haría eso por un animal callejero, ¿por qué no lo haría por usted? Hay muchas razones.

Pudiera avergonzarse de buscar ayuda. Sería un signo de debilidad para usted entrar en el consultorio de un consejero o asistir a un grupo de recuperación. Usted sería "analizado" y lo último que usted quisiera es que alguien sepa que tiene un problema. Así que protege su problema y su imagen pero arruina su vida en el proceso. Al menos impide que comience su vida real. En vez de reconocer una limitación o permitir que haya una parte de usted quebrantada, usted continúa ocultándose y evitando cualquier lugar donde las personas van a recibir ayuda. Pudiera considerar racional la decisión de no recibir ayuda pero forma parte del rechazo que una mente enferma usa para seguir sin sanarse.

Si el perro callejero a la orilla del camino fuera una persona, no haría mucho caso de lo que esa persona diga de su herida ni de su dirección para el tratamiento. Si la pierna de una persona ha resultado quebrada por un automovilista que se da a la fuga y ve eso en el camino, usted no escucha a esa persona diciéndole que no hay ningún problema, que se va a ir caminando para su casa y que solamente necesita un minuto para recuperarse. Usted sabe que el daño es severo. Tiene la evidencia y no parece buena. La persona herida está ajena a la realidad que la lleve a recibir la ayuda que necesita. No es nada diferente de la persona que entra en el consultorio de un consejero o en la oficina del pastor o en el grupo de recuperación mientras se dice a sí misma: "Voy a estar bien, un día, con el tiempo, tarde o temprano, a lo largo del camino, no muy lejos". Si ese es usted, tiene que extender la mano y recibir la ayuda que necesita.

Esa condición del engaño de sí mismo se trata con toda franqueza en Proverbios 3:5-7. El pasaje lo orienta a no confiar en su propio conocimiento. No confíe en sí mismo. No sea sabio en su propia opinión. No se engañe pensando que tiene las soluciones y que resolverá el problema. Es una exhortación a apartarse de su propio entendimiento y buscar ayuda y consejo de alguien que pueda ayudarlo con las profundas heridas que deben tratarse y cuanto más pronto, mejor.

Heridas

Todos tenemos heridas de algún tipo y cuanto más pronto recibamos ayuda para ellas, tanto mejor. Ahora mismo soy culpable de no hacer lo mismo que estoy sugiriendo que usted tiene que hacer. La computadora en la que estoy escribiendo está sobre mi pierna izquierda, que resultó muy herida hace unas dos semanas mientras paseaba en bicicleta con mi hija. Choqué con una señora que venía detrás de mí porque su bicicleta era tan cara que no hacía ruido como las nuestras. No sabía que alguien venía pedaleando detrás de nosotros, ya que no oía nada. Me moví a la derecha, precisamente por donde venía ella. Cuando comprendí la situación, me fui a la izquierda, salté sobre mi bicicleta y la palanca del freno se me encajó en mi muslo izquierdo. Todavía puedo sentir el músculo torcido que probablemente necesite volver a su lugar. No tuve tiempo de ocuparme de él cuando eso sucedió; pensé que iba a sanar pero sigue doliendo. Ahora tendré que ir al consultorio del médico y es probable que deban tratarse algunas partes que sanaron indebidamente y que pudieron haberse sanado bien si hubiera ido el día del accidente. Como alguien que deja las cosas para mañana, pensé que era algo que se sanaría con el tiempo. No se sanó y usted tampoco se sanará con el tiempo.

Tenemos que tratar las heridas más bien temprano que tarde. Cuando no tratamos la herida, esta infecta otras partes de nuestro cuerpo y se extiende a otras relaciones. La persona violada se convierte en violadora si la violación no se trata y se resuelve. La persona violada pudiera experimentar la violación una y otra vez hasta que se trate debidamente la herida. Se pueden dañar las vidas porque algo que hirió a los dieciséis años sigue sin resolverse a los veintiséis o a los cuarenta y seis. En algún momento una persona que comienza a sufrir el dolor en el alma, de la manera que sufro dolor en mi pierna ahora mismo, debe decidir que ya no es aceptable dejar que el problema siga sin tratarse. Se necesita ayuda exterior si la esperanza va a sustituir la herida.

Consejo sabio

El buscar la ayuda que usted necesita no tiene que ser solamente en un grupo de recuperación o del consultorio de un consejero. Muchas veces la ayuda que usted necesita puede encontrarse en la iglesia local. Pero para que sea eficaz, tiene que formar parte de esa iglesia y participar en ella. Si ha trabajado en sus relaciones y ha llegado a ser parte de la comunidad de la iglesia, está en el lugar que les permita a otros influir en su vida. "Obedece a tus pastores. Escucha sus consejos. Ellos están pendientes de la condición de tu vida y trabajan bajo la estricta supervisión de Dios" (He. 13:17, *El mensaje*). Los pastores prudentes están pendientes de la condición de la vida de usted. Ellos pueden ver las cosas que usted pudiera no ver. Pero su vida tiene que ser sensible a lo que ellos le dicen. Ellos tienen que conocerlo a usted mediante su participación en la comunidad con ellos. *Obedece* y *escucha* son dos palabras muy importantes en este pasaje y para su futuro. ¿Está escuchando a un pastor? ¿Obedece usted lo que dice el pastor? ¿O sigue efectuando su propia recuperación y sanidad? Un pastor pudiera ser lo que el Gran Médico prescriba para tratar lo que lo aflige, si busca la ayuda y le obedece.

¿Obedece usted lo que dice el pastor? ¿O sigue efectuando su propia recuperación y sanidad?

Los pastores trabajan bajo la supervisión de Dios (He. 13:17). Sería bueno que eso fuera cierto de todos los pastores pero sabemos que algunos tienen sus propios programas. Tiene que ser cuidadoso y estar seguro de que el pastor tiene un corazón para Dios y un deseo de ayudar. Si halla a un pastor con esas cualidades, entonces esa persona está de veras trabajando bajo la supervisión de Dios. Se nos dice que vayamos a pedir ayuda al liderazgo de la iglesia, ya que para eso se les paga: "Reconozcan a esos líderes que trabajan tan duro para ustedes, a quienes se les ha dado la responsabilidad de exhortarlos y guiarlos en la obediencia" (1 Ts. 5:12-13, *El mensaje*). Todos necesitamos a alguien que nos ayude, que nos inspire y que nos guíe en renunciar a nuestras rebeldías y ser obedientes a la dirección de Dios. El sabio consejo de un pastor puede asegurar que sepamos la verdad y que vivamos según ella.

Tratamiento

Cuando usted quiere ser sanado y está dispuesto a ir a cualquier parte en busca de sanidad, el tratamiento llega a ser una opción. Cuando esté dispuesto a aceptar que sus remedios caseros no dan resultado, el tratamiento es algo que usted busca sin que nadie tenga que obligarlo. Pudiera usted preguntarse qué sucedería si se saliera de su aislamiento y buscara la ayuda de alguien fuera de sí mismo. Usted pudiera preguntarse si eso haría algún bien; si vale la pena el esfuerzo, el tiempo o el dinero. En gran parte depende de usted pero hay algunos aspectos de su vida en que el tratamiento ayudaría o cambiaría la situación. En general, la meta del tratamiento es crecer en carácter y acercarse más a la vida que Cristo vivió. Hay cosas que usted hace que están en conflicto con ese ideal, y el tratamiento espiritual pudiera ayudarle a resolver algunos de esos conflictos. A diferencia de la lucha en Romanos 7, usted quisiera llegar a un punto en que no haga lo mismo que *no* quiere hacer, y haga lo que *sí* quiere hacer. Vale la pena el esfuerzo que requiere recibir la ayuda que necesita para vivir en conformidad con sus valores y vivir en privado igual que vive en público. Pudiera ser la clave para vivir al fin libre y teniendo la vida que siempre quiso y que fue llamado a vivir.

La meta del tratamiento es controlar sus problemas en vez de ser controlado y dominado por ellos. Ahora mismo usted pudiera estar enfrentándose a lo que pudiera parecer un buitre enorme que vuela sobre su cabeza o se posa en su hombro. Usted no puede hacer nada sin estar consciente de esa gran presencia que domina sus pensamientos y su tratamiento. La meta del tratamiento sería reducir al buitre al tamaño de un mosquito. Usted sabría que sigue allí pero no tendría control sobre usted. No sería la fuerza dominante en su vida.

Uno de mis mayores problemas resultantes de una gran lucha

con la falta de atención es seguir direcciones, o al menos tratar de seguirlas. Puedo perderme al ir a lugares donde no he estado muchas veces antes; me siento desesperado. Un amigo mío iba conmigo en el auto un día y vio la confusión que yo tenía y conocía mi deseo de que los buitres se volvieran mosquitos. Mi buen amigo dijo: "Steve, conviértelo en mosquito, conviértelo en mosquito". Ese fue un buen recordatorio.

Yo estaba permitiendo que la lucha se apoderara de mí y estaba participando en una vida controlada por el buitre. Yo tenía que recobrar mi enfoque y reducir al buitre al tamaño manejable de un mosquito. Aunque es fácil hacer eso mientras se está manejando, es mucho más difícil hacer eso con los problemas que usted ha tenido durante años. El tratamiento le ayudará a controlar los buitres en su vida y aprender a convertirlos en mosquitos.

RASE (Reduzca, aumente, sustituya y elimine) es una sigla que uso para resumir los beneficios del tratamiento y da cierta dirección en cuanto a qué hacer mientras usted está en el tratamiento:

R Reduzca el estrés en su vida aprendiendo algunas técnicas de administración.
Reduzca los conflictos que causan confusión interna y dificultades en sus relaciones.
Reduzca los modelos negativos que ha establecido durante toda su vida.
Reduzca las sustancias que usa para resolver el dolor en su vida.

A Aumente su conciencia de sí mismo y cómo usted influye en las personas que se relacionan con usted.
Aumente su conciencia de sus sentimientos.
Aumente su conocimiento de sí mismo y en por qué hace lo que hace.
Aumente su relación con los demás.

Aumente su seguridad de sí mismo de una manera que atraiga hacia usted a las personas en vez de repelerlas.
Aumente las influencias sanas en su vida.
Aumente su vida a solas con Dios en la lectura bíblica y en la oración.
S Sustituya las emociones negativas con emociones positivas.
Sustituya el temor con la disposición a arriesgarse.
Sustituya la arrogancia con la humildad.
Sustituya el enojo con la aceptación.
Sustituya la ansiedad con la paz.
Sustituya el control con el rendirse.
E Elimine las conductas viciosas.
Elimine un espíritu crítico y condenatorio.
Elimine ciertos pecados repetitivos en su vida.

Esos son algunos de los aspectos en que puede trabajar en el tratamiento y algunos de los resultados que puede esperar. Si observa la anterior lista de resultados, puede ver que sería una agradable manera de vivir. Tiene que preguntarse a sí mismo qué se interpone en su camino para que reciba la ayuda que necesita. ¿De veras quiere ser sanado, o se ha acostumbrado al quebrantamiento? ¿Está acostumbrado a vivir en esclavitud, o está dispuesto a vivir en libertad? Cuando alcance el punto de no justificar más la enfermedad de su alma, estará preparado para buscar la ayuda que puede sanarlo.

Opciones de tratamiento

Usted pudiera pensar en la ayuda psicológica o psiquiátrica como la única forma en que una persona con problemas emocionales puede recibir ayuda. Pudiera usted haber visto una o dos películas que describían una institución llena de psicópatas, se compara con ellos y decide que nunca estaría tan mal como para seguir ese camino. Una institución no es la única opción de ayuda. Es algo que muy pocas personas necesitan y no es algo de qué temer. Cuando comencé el trabajo de graduado en terapia, busqué un lugar donde pudiera trabajar con pacientes patológicos, un lugar adonde la gente no fuera a recibir ayuda con un problema conyugal o algo semejante, sino un lugar donde las personas hubieran llegado al fin de sus propios recursos interiores y necesitaran ayuda de alguien que cuidara de ellas. Encontré ese lugar en el Instituto Neuropsiquiátrico de Fort Worth en 1977 y fui contratado por Dorothy Grasty, la directora de las enfermeras. Comencé como auxiliar de un psiquiatra, limpiando los servicios sanitarios y ayudando en todo lo que fuera necesario. Fue una grandiosa experiencia que afectó todo lo que he hecho desde entonces.

El seminario fue un lugar seguro para sanar. Allí las personas atienden muy bien a los pacientes y los pacientes se mejoran. No era como algo descrito en las películas producidas en Hollywood. Trabajé con otras treinta instituciones en los Estados Unidos. Vi lo que ocurría en esas instituciones y era un buen tratamiento. Si alguna vez tiene que ser ingresado en una institución para protegerse o proteger a los demás, no tiene por qué temer. Esos lugares son verdaderos lugares de sanidad. Como cualquier institución, hay algunas que no son tan buenas y algunas que pudieran estar en eso por dinero, aunque hay poco dinero en ese negocio en estos tiempos. Sin embargo, en su mayor parte, usted puede confiar en que hay un lugar útil esperándolo si necesita la más extrema forma de tratamiento de una institución donde tiene que estar ingresado.

Si alguna vez tiene que ser ingresado en una institución para protegerse o proteger a los demás, no tiene por qué temer. Esos lugares son verdaderos lugares de sanidad.

Hay muchas otras formas de ayuda y tratamiento que son mucho menos extremas. Pudiera necesitar medicamentos que le ayuden a pensar con claridad o a sentirse como es debido y un psiquiatra pudiera ayudarlo en eso. Un psicólogo o un terapeuta en matrimonio y familia pueden dar orientación o terapia. Como se ha mencionado, un pastor preparado en terapia pudiera ser el recurso perfecto para la terapia individual. La terapia de grupo en la que participan otros con problemas similares, dirigida por un terapeuta, puede ayudarlo a relacionarse con otros y a descubrir aspectos de sí mismo que necesitan sanidad. Todos esos son tipos más formales de tratamiento.

Algunos de los tratamientos más útiles no son resultado de una experiencia profesional. Hay muchas opciones fuera del ámbito profesional que no cuestan nada y han sido usadas por miles en la transformación y sanidad. Grupos de apoyo mutuo como Alcohólicos Anónimos o *Alanon* se reúnen en todo el país y alrededor del mundo. *Celebrate Recovery* es un creciente recurso de recuperación cristiana que puede hallarse en unas trescientas iglesias. Cualquiera que luche en algún aspecto debe buscar un grupo específico para su lucha y al menos probar.

Hay otras opciones. Retiros y cursillos pueden ayudar a una persona a tomar la senda que lleva a la sanidad. En *New Life* dirigimos retiros intensivos para mujeres cuyo esposo ha estado participando en el pecado sexual. Los llamamos: "Cada corazón sea restaurado". Ofrecemos "La lucha de cada hombre" para los hombres que han luchado con la lujuria y el pecado sexual. Para la persona que lucha con el peso, ofrecemos "Piérdalo para toda la vida". Para quienes han sido abusados o han sido abusivos "La sanidad es una elección" es el seminario que surgió de este libro. Todos esos son opciones de buenos tratamientos que pueden ayudar a transformar su vida.

"Y curan la herida de mi pueblo con liviandad" (Jer. 6:14). Tome ese pasaje como un consejo de que no se haga eso a sí mismo.

Trate sus heridas como es debido y no de forma superficial. Reciba la ayuda que necesita antes que la herida lo infecte más a usted o a quienes lo rodean. Trate a profundidad lo que debe tratarse en vez de prestarle la mínima atención necesaria, esperando que con el tiempo desaparezca. Usted es digno del esfuerzo y Dios reconocerá sus esfuerzos por recibir la ayuda que necesita para sanar lo que está quebrantado en su alma.

La gran mentira
"Puedo resolver esto solo".

La gran mentira que usted pudiera haber estado diciéndose a sí mismo es que puede resolver eso solo. No lo creo. Pienso que, si usted pudiera, ya lo habría hecho. Con todo el dolor y la lucha que ha sufrido, creo que usted lo habría resuelto y habría puesto las cosas en su lugar. No lo ha hecho porque no puede. Aunque pudiera ver eso como una debilidad, el mayor acto de fuerza que puede mostrar es reconocer que no tiene la solución en usted mismo y acudir a alguien que la tiene.

En un comercial de *Gatorade*, los deportistas beben la variedad naranja o verde, sudan profusamente y el sudor naranja y verde salta por todas partes. Entonces se hace la pregunta: "¿Está en usted?" Cuando se trata de las respuestas para arreglar su vida, la respuesta es que no, que no tiene eso en usted. La solución a sus problemas no está allí. La mente enferma que lo lleva por la senda de la enfermedad no lo guiará a un lugar de salud y plenitud de vida. Usted no va a resolver eso. Ni siquiera leer este libro va a ser suficiente. Tendrá que extenderse más allá de lo que está en su cabeza y extender la mano para recibir la ayuda que necesita; ella no está en usted.

Hay algunas buenas cosas que están en usted. Debe de haber algún deseo de llevar una vida mejor, como lo prueba el haber escogido este libro. Pudiera no gustarle la rutina que ha creado para sí mismo. Quiere salirse de esa rutina y eso es bueno. Usted ha buscado y está adquiriendo nueva información. Pero lo que temo es que usted espere llegar a ser lo bastante inteligente como para resolverlo todo solo. Si eso es lo que motiva la lectura de este libro, pudiera salirle el tiro por la culata.

Si este libro lo saca de su desesperación pero sigue la senda equivocada, entonces de nada le ha servido este libro. Si usted anda por ese mal camino con nueva información, sigue viviendo con la falsa creencia de que un día lo resolverá todo solo. Para usted, este libro es un instrumento que lo mantiene aislado y solitario en su estado de quebrantamiento.

Si este libro lo estimula a buscar más allá de sí mismo para conseguir ayuda de alguien que puede tener una perspectiva diferente de una mente enferma, entonces habrá comenzado el viaje hacia la sanidad. No lo tiene en usted pero alguien más lo tiene. Extienda la mano y reciba la ayuda que necesita. Ayude su vida y su vida no seguirá siendo la misma. Si no sabe adónde acudir o a quién llamar, llámenos al 1-800-639-5433.

Millones de personas optan por seguir en la desesperación y en la angustia que han llegado a ser su constante compañía diaria. Usted no tiene que vivir como ellas porque la sanidad es una elección. Es la decisión de hallar el tratamiento que necesita y ayudar su vida.

6

LA SEXTA ELECCIÓN:
La decisión de aceptar su vida

LA SEXTA GRAN MENTIRA:
"Si actúa como si no hubiera problema alguno, con el tiempo no lo habrá".

Cuando Sandy llamó por teléfono para decirme que yo estaba a punto de recibir los papeles del divorcio, me sentí muy enojado. Había esperado que algo pudiera resolverse. Para mí, lo que ella había hecho era la finalización del divorcio. No había marcha atrás. Ella no deseaba la reconciliación. Solo había herida y enojo y una mentalidad de "sálvese quien pueda" que puso en movimiento el proceso del divorcio. Era todo un desorden y parecía como si me hubiera gastado todo lo que tenía por resolver. Sentí lástima de mí mismo pero sentí lo peor para Madeline. Mi maravillosa hija merecía algo mejor que volver a andar de casa en casa; ella merecía un hogar. Conocía las estadísticas acerca de los hijos de un divorcio y estaba muy preocupado por ella. Yo estaba decidido a tomar decisiones que serían lo mejor para ella en las peores circunstancias.

No estaba preocupado por Madeline; estaba preocupado por mí. Durante muchos días luché con la realidad de lo que eso me haría a mí y haría a mi llamamiento como ministro, autor cristiano, orador y presentador de radio. Lo último que quería ser era uno de esos divorciados. Pensé que, si no decía nada, pasaría inadvertido pero sabía que eso no daría resultado, sobre todo que ya me había establecido como alguien que era sensible y sincero acerca de sus problemas. No podía ocultar la horrible realidad de que me iba a divorciar.

Luché con qué decir y cómo decirlo. El matrimonio había terminado; finalizó el divorcio y no había querido hablar de eso. No quería decirle a nadie acerca de mi divorcio hasta que estuviera consumado. No quería que muchas personas sugirieran que no habíamos hecho lo suficiente para reconciliarnos. Durante todo ese año conté a las personas que yo estaba pasando por uno de los momentos más difíciles de mi vida. Les pedía que oraran por mí y muchos oraron.

Algunos entendieron lo que estaba ocurriendo y cuando escribieron y preguntaron por eso, les dije lo que había sucedido. Así que finalmente salí al aire y dije que me había divorciado. Les hice saber a los oyentes que no era resultado de mi inmoralidad. Si escribían o enviaban mensajes electrónicos, les contaría los detalles de lo que yo había estado pasando. La junta directiva y mis colaboradores en el programa redactaron y firmaron una carta que le aseguraba a todo el mundo que yo me había esforzado por salvar mi matrimonio y que me apoyaban, ya que no hubo ningún escándalo, sino solo una triste tragedia.

Las cartas y los mensajes electrónicos comenzaron a llegar. Todas las personas, menos una, con las que estaba asociada en *New Life* me dijeron palabras de apoyo. Muchos se conmovieron pero hubo muchísimo aliento. Se me dijo que yo sería usado por Dios de un modo mucho más grande que antes. Las tarjetas y las cartas fueron ejemplos extraordinarios de la gracia de Dios que viene por medio de creyentes verdaderos. Fue como si hubiéramos enseñado a nuestros oyentes acerca de las realidades de la vida y les hubiéramos enseñado a reaccionar ante la tragedia. Reaccionaron con tal amor y compasión que me sentí muy agradecido. Cuando más necesitaba su apoyo, me lo dieron de buena gana y tuve un gran año de sanidad y restauración. Algunas de las fuerzas más sanadoras vinieron de líderes cristianos a quienes había respetado durante años.

No hiera a los heridos

Cuando llamaba a algunos líderes en el ministerio, no sabía qué esperar. Ed Atsinger, el jefe de *Salem Broadcasting*, propietario de muchas de las estaciones por las que transmitíamos, acababa de eliminar un ministerio importante de su red debido a problemas de integridad. Me senté con él y le conté lo que había sucedido. Envió a un ayudante a averiguar si lo que yo había dicho en realidad había sucedido. No me sentí insultado porque hubiera comprobado los hechos. Él tiene una enorme responsabilidad de mantener en el aire a personas que "viven lo que predican". Después que efectuó su investigación, me dijo que yo no tenía problema y que me apoyaría en todo lo que pudiera. Si hubiera actuado de manera diferente, pudiera haber sido el fin de mi carrera en la radio nacional, o al menos el fin de mi tiempo en algunas estaciones muy poderosas.

Una de las llamadas telefónicas más conmovedoras para mí fue con el doctor Dobson. ¿Cómo decirle a una persona que está a favor de la familia y en contra del divorcio que el matrimonio de uno está terminado? No fue fácil. Yo lo respetaba mucho y siempre consideré un gran don el haber tenido libros publicados por *Enfoque a la Familia*. El doctor Dobson habló conmigo como si fuera su hijo; al menos yo sentí su dirección paternal en cómo continuar con mi vida. Me dijo que a la comunidad cristiana se le conoce por disparar a sus heridos pero no creo que ese sea el caso. Él pensaba que yo me sentiría muy apoyado y amado; sus palabras fueron proféticas. El día que Rick Warren, autor de *Una vida con propósito*, apareció en la cubierta de una revista nacional, él me llamó para animarme.

Poco después de mi conversación con él, un grupo a favor de la vida y del matrimonio me pidió que fuera y les ayudara a recaudar dinero con mis conferencias y les conté de mi divorcio. Me dijeron que hablarían con su junta directiva para ver si un grupo en favor de la familia y del matrimonio podía invitar a hablar a una persona divorciada. La junta directiva se reunió y entonces me llamó para que fuera. Recaudamos más dinero para esa organización aquella noche que todo lo que habían recaudado antes.

Cuando el ministerio de Jim Burns, *HomeWord*, tuvo su primera campaña de recaudación de fondos, yo debía ser el maestro de ceremonias y ayudarle a recaudar dinero. Le dije a Jim que no me sentiría ofendido si un grupo a favor del matrimonio no quisiera a un hombre divorciado como el maestro de ceremonias. Jim dijo que no pensaba cambiarme. Él sabía que yo era la persona que más estaba en favor del matrimonio en el salón después de ver lo que ocurre cuando no se sigue casado.

Recaudamos más de quinientos mil dólares en una campaña de recaudación de fondos y fui bendecido al ser parte de eso. Sentí que eso era otro ejemplo de Dios usándome a pesar de mis circunstancias y de mí mismo. Pero no siempre fue tan agradable. Hay quienes en la colectividad cristiana que parecen pensar que divorciarse, aun cuando no fuera su decisión, fuera el pecado imperdonable de un líder o ministro cristiano.

No deje detrás a ningún hombre

A comienzos del año se me pidió que hablara en Winnipeg, Manitoba, en Canadá, para Cumplidores de promesas. Fue un honor hablar y recibir la responsabilidad de hacer el llamado al altar al final de la noche del viernes. Me preguntaba si podía hacer lo que oí que hace Billy Graham y decirle a todo el mundo que los autobuses esperarían pero no hice eso. Hablé acerca del corazón dividido y de cómo tenemos partes de nosotros que se apartan del resto y que Dios quiere que tengamos y nos llama a tener un corazón íntegro. Ya al final sugerí que muchos hombres allí nunca habían rendido nada de su vida a Dios y tenían que hacerlo. A otros les sugerí que habían rendido algunas cosas pero no todas y algunas de las cosas no rendidas estaban destruyendo su vida. Cuando les pedí que pasaran al frente y rindieran toda su vida o parte de su vida, fueron a montones. Los hombres lloraban, doblaban sus rodillas y le ofrecían a Dios los aspectos no rendidos de su vida. Fue una noche asombrosa.

Cumplidores de promesas me pidió que volviera en 2004 a otra ciudad. Me sentía tan conmovido por mi experiencia en Winnipeg que aseguré que volvería a hablar. Pero como un mes antes de que yo hablara, recibí una llamada telefónica de Kirk Giles, el líder de Cumplidores de promesas de Canadá. Él me preguntó acerca de mi divorcio y me dijo que un ministro donde yo estaba hablando estaba planteando una pregunta acerca de eso. Le dije a Kirk lo que había sucedido y que no tenía que ir y hablar. Le dije que yo cancelaría esa cita para que él pudiera tener una gran actividad sin mi divorcio como algo secundario. Me dijo que aún así quería que yo fuera pero que necesitaba comprobar los hechos acerca del divorcio.

Él analizó el divorcio, llamando a los miembros de mi junta directiva y a otros y el resultado final fue que me apoyarían. Me iban a tener como orador porque sentían que era lo mejor que harían, sin que importara cuál fuera la reacción de una iglesia local. Jamás olvidaré a aquellos valerosos Cumplidores de promesas respaldándome porque sentían que era lo mejor que se haría.

Hubo dos cosas que me asombraron en cuanto a ese incidente con Cumplidores de promesas. Ante todo, el ministro que tenía el problema conmigo nunca me llamó ni me envió un mensaje electrónico para preguntarme acerca de los detalles de mi divorcio. Nunca llamó para decir algo así como: "Te amo como hombre, como cristiano, como hermano en Cristo pero tengo opiniones radicales acerca del divorcio". Se hubiera entendido eso, pero es obvio que para esa persona "preocupada" ya no era yo una persona; yo era solo una etiqueta o un asunto. Mi dirección electrónica está en todos mis libros así como el número de llamada gratuita 1-800-639-5433, adonde me pueden llamar. No es nada difícil comunicarse si quiere conversar conmigo. Él nunca lo intentó.

El propietario de la librería al que se acercó hizo un intento por hacer contacto conmigo y tuvo éxito. Me envió mensajes electrónicos y me contó que un pastor le dijo que no pensaba que debiera leer mis libros, ya que yo era un hombre divorciado. Le volví a asegurar que yo había hecho todo lo que sabía hacer para salvar el matrimonio y no fue resultado de inmoralidad de mi parte. Me comprendió muy bien y me dijo que me respaldaría desde todo punto de vista y que mis libros se quedarían en los estantes.

Lo más asombroso de todo eso fue la reacción de Cumplidores de promesas. Les dije que yo no necesitaba ir. Les dije que me sentiría feliz de retirarme porque su misión es más grande que la lucha de alguien divorciado pero no dejaron de invitarme. Después de considerar mi situación, pensaron que estaba bien que yo siguieran hablando. Me sentí muy agradecido. Al final de la noche, los hombres caminaron por los pasillos mientras les pedía que fueran al altar. Hubo tantas personas que fueron que tuvimos que pedirles a los pastores que fueran a ayudarnos. Fue una noche asombrosa para todos nosotros. El Espíritu Santo estaba obrando y mi presencia o la falta de mi presencia no tenían nada que ver con eso.

Kirk Giles fue el primer orador de la noche y puso un fragmento de una película acerca de la guerra de Afganistán. Un hombre había sido herido y toda la sección del ejército volvió y entró en la ciudad porque estaban adiestrados para no dejar ningún hombre detrás. Fue una historia muy conmovedora. Después de ese fragmento de película, Kirk habló acerca de cómo los hombres necesitan apoyarse los unos a los otros, luchar unos por otros y no dejar atrás a ninguno. Cuando volví a casa, le escribí a Kirk y le dije que había puesto en práctica lo que él predicaba. Le di las gracias por no dejar atrás a este hombre. Yo estaba muy agradecido.

Afróntelo y acéptelo

No me gustó ser el origen de una controversia como esa. No quería que mi divorcio se convirtiera en tema de discusión. Aunque es una de las pocas veces que supe que era un tema de debate, fue difícil de afrontar. Yo quería dejar de hablar y meterme otra vez en un hueco. Tenía que afrontar eso; tenía que afrontar el hecho de que las personas hablaran de eso y llegaran a su propia conclusión y nunca tendría la oportunidad de hacerles saber mi perspectiva. No me gusta esa parte de mi vida; simplemente quería que desapareciera pero tuve que afrontarla. Si iba a sanarme, tenía que afrontarlo, reconocerlo y aceptarlo.

La parte de afrontarlo era bastante difícil pero la de aceptarlo era algo totalmente distinto. No quería aceptarlo; eso significaría hacerlo parte de mí mismo. Significaría aceptar que mi identidad estaría siempre relacionada con la palabra *divorcio*. Y al abrazar eso estaría acercándome en vez de alejándome de eso y usando la experiencia para ayudar a otros en vez de tratar de ocultarla para ayudarme a mí mismo. Yo no quería ese nivel de aceptación de lo que había tratado de evitar por tanto tiempo pero poco a poco comencé a sentir de manera diferente. Ocurrieron algunas cosas que me permitieron reanudar mi vida como era y comenzar a aceptarla y todas las duras realidades que iban con ella.

Cuando estuve en Indianápolis por la temporada navideña

el año pasado, fui a la Iglesia Cristiana Central, pastoreada por Richard Clark. Él presentó un sermón muy interesante acerca de la necesidad de que Cristo llegue a formar parte de usted de la manera que lo hace una vaca cuando se la come. De forma muy humorística, le contó a la congregación que desde que había comido un pedazo de bistec, eso había llegado a ser parte de él y que ahora él era parte vaca. Él quería que Jesucristo se integrara a nuestra vida de ese modo. Él tiene muchos compromisos, así que me reuní con él después del sermón. Me dijo que simplemente había citado a Henry Cloud en una conferencia que había dado. Henry es el psicólogo más sabio que conozco, de manera que estaba esperando algo profundo. Él citó a Henry diciendo: "Todos estamos echados a perder". Espero que eso no lo ofenda pero se ajusta a la verdad. Richard y yo nos reímos un poco y asentimos con la cabeza para decir que estábamos de acuerdo.

Comencé a pensar en eso de una manera diferente de como lo había pensado antes. Todos estamos arruinados y yo había estado hablando y escribiendo acerca de aquello durante algún tiempo. Pero ahora tenía la oportunidad de vivirlo. Todas mis luchas pasadas estaban allí, en el pasado. Esto estaba ocurriendo ahora y tuve la oportunidad de andar a través de eso con otros que estaban luchando con el divorcio o algún otro trauma. Anteriormente, era todo acerca de mis días universitarios, de mi promiscuidad o del pago por un aborto pero ahora iba a ser acerca del ahora.

Pude hacer eso porque en realidad todos estamos arruinados y esa era solamente la evidencia de lo que yo había estado hablando. Les había dicho a las personas durante años que yo era alguien que luchaba pero siempre dejaba la impresión de que había vencido en todas mis luchas y que ahora estaba viviendo a un nivel mucho más elevado que los demás. Aceptar el divorcio y andar en él significaba que yo estaba de veras comenzando a dejar cualquier clase de pedestal que hubiera diseñado para mí mismo e iba a relacionarme con las personas de una manera auténtica y personal.

Comencé a creer que podía afrontar eso y aceptarlo. Podía hacer eso como hombre divorciado, un quebrantado líder de un ministerio, un padre soltero y una persona que siempre ha querido comunicar la verdad de una forma realista. Comencé a decirme a mí mismo que podía hacer eso y comencé a creerlo. Comencé a sentir que Dios estaría conmigo y que habría buenos tiempos por delante.

Así que acepté mi nueva identidad como persona divorciada y comencé a relacionarme con otros en la misma situación. Acepté las circunstancias de ser padre soltero y todo lo que eso implica. Acepté el reto de mirar a las personas a los ojos y reconocer que tenían preguntas y dudas. Con la ayuda de Dios, pude mostrarles con mi conducta y mis decisiones acerca de mi futuro que era digno de su confianza. Ese no era el fin de la vida como la conocía sino que era el origen de la vida como nunca antes la había conocido.

Como si eso significara que

Idea y entendimiento no resulta tan fácil para alguien como yo. Hay veces en que he estudiado algo durante varios días y entonces surge un nuevo ángulo de la verdad pero a veces eso me golpea de forma extraña. Estaba yo hablándole a un grupo el día que Martha Stewart fue a la cárcel. Dije que debíamos orar por ella mientras entraba en su nueva "comunidad cerrada". El chiste provocó risas, pero luego comencé a hablar acerca del don de estar encarcelado. Dije que debemos orar, ya que buenas cosas ocurren cuando las personas van a la cárcel y esa fue mi oración por ella.

Entonces, mientras recordaba, comencé a hablar acerca de

algunos ejemplos de lo que ocurre cuando las personas van a la cárcel. En el Antiguo Testamento, José estuvo en la cárcel más de trece años. Esa fue una buena parte de su vida pero debe de haber sido la parte que lo preparó para que estuviera a cargo de toda una nación. Cuando se reflexiona sobre eso, parece como si Dios tuviera el propósito de que fuera a la cárcel desde un principio. No pienso que Dios permitiera que se encarcelara a un hombre por hacer lo bueno y no acostarse con la reina pero una vez que estaba allí, Dios comenzó a obrar y ahora casi parece que era el plan desde el principio.

El apóstol Pablo quería ganar al mundo para la fe cristiana. En vez de estar libre para predicar dondequiera que deseara, se encontraba encarcelado. No pienso que Dios tuviera en sus planes que un gobierno malvado encarcelara al más importante defensor de la fe pero si se vuelve a leer la historia, parece que es lo que Dios quiso que sucediera. Pablo, sentado allí en la cárcel, no tenía nada mejor que hacer que escribir cartas. Lo que entonces pudiera haber parecido una pérdida de tiempo, ahora parece parte de un plan bien concebido. Si se observa cuánta influencia tiene Pablo en la iglesia actual y qué gran parte del Nuevo Testamento fue escrita por él, se siente como si Dios haya querido que Pablo estuviera en la cárcel desde un principio.

Otro ejemplo moderno es Chuck Colson. Colson fue a la cárcel por delitos cometidos durante el escándalo de Watergate de la época de Richard Nixon. No pienso que Dios haya querido para la vida de Chuck Colson esa espiral hacia la senda del delito y de la cárcel. Sin embargo, cuando sucedió, Dios se puso a su lado y lo hizo parecer todo como si eso hubiera sido siempre el plan. Chuck se hizo cristiano y convirtió su desdichada situación en la cárcel en un ministerio para servir a otros que se encontraban atrapados allí. La confraternidad carcelaria ha servido a millones de presos y ha ganado a millones para Cristo como resultado de la senda que tomó Chuck Colson. Si se reflexiona sobre eso, parece como si Dios lo hubiera planeado desde el principio.

Por cualquier razón que sea, por nuestros errores o por los errores de los demás, parece que Dios está allí diciendo: "Puedo trabajar con eso si lo aceptas y si me permites que lo resuelva". Joni Earickson Tada es otro ejemplo de prisionera. Ella quedó apresada en una silla de ruedas después de sumergirse en una laguna poco profunda y quebrarse la nuca. Ella es cuadriplégica como resultado de un pequeño error de juicio. No creo que Dios hubiera tenido el propósito de que Joni se quebrara la nuca. Pero una vez que sucedió, Él sabía que podía obrar en eso y lo ha hecho de una forma gloriosa. Debido al valor de Joni ante la realidad de ninguna sanidad milagrosa, muchas otras personas con enfermedades e incapacidades han hallado el valor para seguir viviendo. No se han dado por vencidos, ya que han visto a Joni escribiendo, pintando, hablando, cantando y viviendo una vida asombrosa. Cuando se reflexiona sobre eso, se piensa que ese fue el propósito desde el principio.

Ese fue el tema esencial de la conferencia que yo estaba dando; no era el propósito de que fuera así, pero así fue. Mientras aún estaba hablando, tuve la idea de que ese era el concepto que necesitaba para mi propia vida. Si aceptaba mi vida en vez de tratar de segmentarla y de separar la parte de divorciado del resto de ella, un día miraría atrás y parecería como si Dios tuviera el propósito de que ocurriera el divorcio, aunque fuera lo último que Él quisiera. Eso es lo que me dio esperanza. Ese concepto que puede dar esperanza a cualquiera en las peores circunstancias. Acéptelos por muy horribles que sean y un día usted mirará atrás y parecerá que fue parte del plan, ya que Dios puede obrar con cualquier cosa.

No sé qué realidad está afrontando usted. No sé qué horrible cosa quisiera usted que desapareciera pero lo aliento a que permita que Dios obre en eso. No la niegue ni trate de ocultarla.

Acéptela y acepte toda su vida. Él puede usarlo a usted y puede usar su situación también. Acéptela y permita que Dios trabaje con ella mientras está obrando en usted. Su situación pudiera ser tan humillante como la de Martha Stewart yendo a la cárcel o como la un presentador cristiano de radio que se divorcia, pero Dios usará eso. Él sacará lo mejor de lo peor si usted está dispuesto a confiar en que Él lo hace.

> *Su situación pudiera ser tan humillante como la de Martha Stewart yendo a la cárcel o como la de un presentador cristiano de radio que se divorcia pero Dios usará eso. Él sacará lo mejor de lo peor si usted está dispuesto a confiar en que Él lo hace.*

Ajuste radical de las expectativas

Para la mayoría de las personas, aceptar la propia vida es un ajuste radical de las expectativas. Si no hace eso, siempre estará aferrado a la vida que pensaba que merecía o quería. Si ajusta sus expectativas, puede aceptar la vida como es y vivirla a plenitud y descubrirá que la vida que usted tiene es más significativa que la vida que pensaba que merecía o quería. Tiene que permitirle a Dios que obre con los errores de usted y los deseos de Él para usted. Cuando lo haga y acepte la diferente manera de vivir, esta se volverá la mejor manera de vivir.

El fin de la semana pasado fui a ver la ópera *Tourandot*. Yo había estudiado ópera como especialidad en música en la Universidad Baylor. Deseaba poder cantar las arias profundas de un barítono bajo y aprendí un poco. Para todos los que estábamos en la escuela de música, la ópera era la realización suprema. Un gran guión, combinado con la música de un genio y el escenario espectacular, pudiera no ser igualado en ninguna otra forma de arte. Para mí era una meta digna del esfuerzo y,

LA DECISIÓN DE ACEPTAR SU VIDA

si no eso, entonces la comedia musical en Broadway. Esa era la forma en que deseaba que mi vida se desarrollara. Me senté allí escuchando alguna de la música más espectacular que hubiera oído alguna vez y se me ocurrió que la ópera pudiera haber sido mi vida. Pero nunca pudiera haber sido tan satisfactoria como la vida que tengo.

No ando lamentándome de no ser un cantante clásico, aunque sería mucho más fácil ser un cantante clásico divorciado que un presentador cristiano divorciado. No estoy viviendo en los días de dolor en que comprendía que mi vida estaba llena de música y del escenario. Me alegro de que este sea el curso que ha tomado, incluso a pesar de un divorcio difícil. Estoy confiando en que Dios use incluso eso y lo estoy aceptando. Estoy exhortándole a que haga lo mismo.

Haga un ajuste real de sus expectativas. Usted esperaba permanecer en control de su vida y tal vez de la vida de sus hijos pero nunca estuvo en control. Fue una ilusión. Hizo lo que pudo para mantener un sentimiento de control pero no lo tenía. Así que puede ajustar sus expectativas y relajarse un poco. Tal vez haya estado quejándose con Dios porque Él no le ha dado la vida que quería. Usted puede ajustar sus expectativas y aceptar la vida que Él le ha dado. Pudiera haber esperado algo más cerca de la perfección de sí mismo. Pudiera no ser liberado de eso, así que ajuste sus expectativas. Acepte su propia humanidad y sus límites y permita que Dios obre en usted a pesar de ellos.

ACEPTACIÓN DE LO DESAGRADABLE

Aceptar su vida significa aceptarla toda, incluso a las personas que la hacen difícil. Llamo a esas personas "cultivadores de la gracia" o "edificadores del carácter". Ellas son usadas para ayudar a moldearnos en lo que Dios quiere que seamos. No nos gusta el hecho de que estén incluso en nuestra vida pero sin ellas nunca nos acercaríamos a lo que Dios quiere para nosotros. Esas personas que son tan difíciles son en realidad un don de Dios. Como yo, es probable que usted pueda mirar el carácter que ha cultivado y ver que no llegó allí porque la gente fuera amable con usted. Está allí debido a un tratamiento rudo de personas que no tenían en mente el interés de usted.

Dios permite esas luchas y al permitirlas las usa para avanzar su propósito y fomentar su reino. David, un hombre conforme al corazón de Dios, nunca habría sido el hombre que fue si no hubiera sido la víctima de la envidia de Saúl. Son las cosas difíciles y las personas difíciles las que forman las historias de nuestra vida de una manera que puede honrar a Dios.

¿Recuerda la historia de David y del gigante? Si David hubiera luchado con un compañero de tercer grado, no creo que habríamos oído mucho de eso. Cuanto más grande es el reto, tanto más puede hacer Dios con él, aunque ocurra el peor resultado. Cambie sus expectativas y acepte la vida que tiene y vivirá más allá de las expectativas que tenía antes. No será en la forma que originalmente usted quería.

Con el tiempo usted se vuelve agradecido de que su vida tomara el rumbo que tomó. La tragedia pudiera ser lo que necesitaba para comenzar a llevar la vida como Dios lo quería. "Por nada estéis afanosos, sino sean conocidas vuestras peticiones delante de Dios en toda oración y ruego, con acción de gracias. Y la paz de Dios, que sobrepasa todo entendimiento, guardará vuestros corazones y vuestros pensamientos en Cristo Jesús" (Fil. 4:6-7). Si quiere esa paz, abrace su vida. Abandone el enojo y la amargura por la manera en que es la vida y abrácela. No rechace la realidad de su vida ni trate de justificarla. Acéptela y tome su vida como es. Abandone la vieja vida que pensaba que tenía o que necesitaba o merecía y acepte lo que hay delante de usted.

Lucas 9:23-25 nos dice que abandonemos lo que pensábamos que necesitábamos y que descubramos lo que Dios tiene para nosotros: "Si alguno quiere venir en pos de mí, niéguese a sí mismo, tome su cruz cada día, y sígame. Porque todo el que quiera salvar su vida, la perderá; y todo el que pierda su vida por causa de mí, éste la salvará. Pues ¿qué aprovecha al hombre, si gana todo el mundo, y se destruye o se pierde a sí mismo?". Tal vez se esté aferrando a algo que nunca tuvo o a una vida que nunca iba a vivir. Ajuste sus expectativas, cambie la vida que tiene y descubra lo que Dios puede hacer de ella, con errores y todo.

La gran mentira
"Si actúa como si no hubiera problema alguno, con el tiempo no lo habrá".

La gran mentira es que, si usted actúa como si no existieran las duras realidades, con el tiempo dejan de existir. Esa mentira no es algo que recuerda o que guarda en el corazón. Esa mentira se vuelve un modo de vida. Usted la vive todos los días y ella impide que usted disfrute de una vida de sentido, propósito y relaciones. Usted vive negando quien es y un día descubre que está viviendo, o tratando de vivir, la vida de otra persona. En vez de afrontar cada día como es, está atrapado en vivir cada día como quisiera que fuera. Al hacer eso se pierde gran parte de lo que su vida pudiera ser.

Pudiera haber escondido mi divorcio y seguir adelante, sin hablar de eso y haber esperado que el problema desapareciera pero me habría perdido gran parte de lo que fui llamado a ser. Yo habría perdido la oportunidad de relacionarme con padres solteros y con quienes luchan por hallar una cita amorosa decente para conversar. Me habría perdido la oportunidad de mostrarles a los demás que mi vida no es diferente de la suya. No puedo predecir la conducta ni controlar la conducta de otro. Solo puedo esforzarme por resolver lo que se me presenta.

Poco después de mi divorcio, asistí a reuniones de un grupo de personas divorciadas y llegué a formar parte de la comunidad sanadora. La segunda noche que estuve allí, un hombre se me acercó y me dijo que escuchaba *New Life Live,* y que había significado mucho para él. Me dijo que estuvo a punto de no haber regresado la semana antes pero que al verme allí se sintió motivado a volver. Me dijo que le alegraba el ver que vivíamos la vida que predicábamos en la radio y que hacíamos lo que les decíamos a otros que hicieran. Él era solo una persona pero fue un gran ejemplo de cómo aceptar mi vida real en vez de tratar de negar la dura realidad, llevó a otra persona a la vida real que estaba destinado a vivir.

Creo que usted hallará que lo que le digo es cierto. Quiero exhortarlo a que no espere a que pase el tiempo ni que simplemente espere que cualquier cosa con la que se está enfrentando desaparezca un día. Lo reto a que lo convierta en lo principal de su vida. Chuck Colson pudo haberse ocultado y haber esperado que la gente se olvidara de que había estado en la cárcel. En lugar de eso, lo convirtió en el punto central de su vida y los resultados para el reino de Dios son sorprendentes. Tal vez haya una oportunidad como esa en su vida y para comenzar a vivirla, lo único que tiene que hacer es aceptar su vida y vivirla a plenitud, confiando en que Dios sacara lo mejor de las peores circunstancias.

La sanidad es una elección. Es la elección de Dios pero podemos ser un obstáculo en la sanidad que Dios tiene para nosotros a menos que aceptemos nuestra vida y las duras realidades que hallaremos en ella.

7

LA SÉPTIMA ELECCIÓN:
La decisión de perdonar

LA SÉPTIMA GRAN MENTIRA:
"El perdón es solo para quienes lo merecen o lo ganan".

Soy consciente de que usted pudiera ser una de las personas que tomó este libro y comenzó a leerlo a pesar del hecho de que viera en el contenido que una de las decisiones para sanar sea perdonar. El que incluso esté leyendo estas palabras es un milagro, ya que ha leído mucho acerca del perdón y entiende la opinión de cada uno al respecto y nada de eso le ha servido ni lo ha ayudado en su situación. Usted ha sido violado, maltratado o descuidado de tal manera que cree que es imposible perdonar a esa persona o a esas personas. Es una persona buena y amorosa pero hay una persona a la que guarda rencor, y planea seguir guardándolo. La persona no merece ser perdonada por usted ni por Dios. Cualquiera que observara lo que ocurrió diría que usted tiene absoluto derecho a sus sentimientos.

Si lo que he descrito anteriormente es la manera que se siente usted, o se siente de ese modo en un menor grado, ahora mismo, mientras escribo esto, espero y oro que este pueda ser el momento en que todo cambie para usted. Pido a Dios que mientras siga leyendo yo pueda ayudarle a dar algunos pasos y a tomar algunas decisiones que lo lleven a perdonar lo imperdonable. Y si usted es alguien que no ha sido herido profundamente, pido que use esas palabras para ayudar a alguien que está luchando porque no puede o no está dispuesto a perdonar. Pido que en el futuro, si alguna vez es herido profundamente, vuelva a este capítulo y lo use para escapar del enojo, de la amargura y del resentimiento.

Lo más peligroso en la tierra

Vivimos en un mundo en el que nos rodean el peligro y el terror. Vivimos con incertidumbres cada nuevo día porque nunca sabemos lo que pudiera sucedernos. Desde el once de septiembre casi todos tenemos un poco más de miedo al terrorismo en el mundo que un día pudiera cruzarse con nuestro mundo personal. Hay algo mucho más peligroso que un terrorista en alguna parte del mundo que pudiera o no pudiera dañarnos algún día. Hay algo peor, peor que eso. Es peor porque puede existir dentro de nosotros y afectar todo lo que hacemos y a la persona misma que llegamos a ser. A ese terrorismo interno se le llama "resentimiento justificable".

Muchas personas tienen resentimientos. Algunas simplemente parecen tener una mala actitud hacia la vida, y se inclinan a molestarse por todo. Les molesta pagar impuestos, pagar más de un dólar por un galón de gasolina, o que su iglesia le pida dinero para respaldar la campaña del nuevo edificio. Les molesta la persona que vive con ellos. Esa persona no es mala pero el resentido colecciona pequeñas cosas hechas con el tiempo y anda con una enorme colección de pequeñas cosas para guardarle rencor a la persona. Lo hace sentir un poco superior, de modo que se aferra a todo lo que puede hallar. Los resentidos van por la vida muy negativos con cualquier cosa y con todo. Tienen un problema pero no es nada como lo que voy a describir. Esos resentimientos insignificantes son verdaderos resentimientos pero no son el tipo de resentimiento que lo matará.

Un resentimiento *justificable* es el tipo de resentimiento que lo matará a usted. No es acerca de algo insignificante. Es acerca del verdadero y horrible abuso o maltrato. Es acerca de un suceso de la vida real que cualquiera diría que fue terriblemente malo y casi todos dirían que usted está totalmente justificado para sentirse como se siente. Las personas de buen corazón llorarán con usted por eso, y es probable que hayan llorado. Toda la evidencia apoya sus sentimientos de enojo, resentimiento, amargura y no querer perdonar. La otra persona no lo merece y nadie quiere que lo tenga. Eso es lo que llamo un resentimiento justificable.

El verdadero resentimiento por un verdadero daño por una persona verdadera produce un resentimiento justificable, y se convierte en una parte tan importante de su vida que se siente como un buitre posado sobre usted; una presencia tenebrosa y peligrosa que afecta todo lo que usted hace.

Si el resentimiento no fue justificable, alguien pudiera decírselo. Un amigo pudiera decirle cosas que les ha dicho a otros que tenían una mala actitud:

- "Deje de ser tan negativo".
- "Mire el aspecto bueno de las cosas".
- "Deje de ver el vaso como medio vacío".
- "Comience a pensar de manera positiva".
- "Mire lo bueno en las personas".
- "Trate de aceptar a las personas por lo que son".

Esas son las cosas que las personas le dicen a alguien que solo necesita hacer algunos cambios para que se sienta mejor y disfrute más de la vida.

Pero nada de eso se aplica a usted, ya que usted tiene algo a qué aferrarse. Hubo una fecha y una persona y un trauma que en realidad ocurrió. Es su Auschwitz, y quienes saben de su terrible prueba respaldan sus sentimientos. Ese es el problema: Nadie pregunta por sus sentimientos. Todo el mundo se siente muy mal por usted, así que le es fácil aferrarse al resentimiento. Cualquiera lo haría pero usted no puede. No puede porque eso se lo está comiendo vivo. Es su propio terrorista interno que está destruyendo su vida, impidiéndole disfrutar de la mejor vida posible. Está dañando su relación con Dios y con los demás. Estará firmemente aferrado a su pasado y a su abuso mientras el resentimiento justificable crezca dentro de usted. Todo lo que haga en la vida se apoyará en su rencor. Llegará a definir lo que es y a limitar lo que puede llegar a ser.

Aunque pudiera ser muy difícil de imaginar, puede ser libre de ese resentimiento justificable. Puede liberarse de él y experimentar el poder sanador del perdón. Usted puede decidir sanar un aspecto conflictivo de su alma al escoger andar por la senda del perdón. Y si toma esa senda, algo muy asombroso va a sucederle un día.

Un día va a despertar y a comprender que todo ha cambiado en su vida. Sentirá que ya no está atado al pasado. Comprenderá que lo que una vez definió su vida y sus íntimos pensamientos ya no es importante para cómo lleva su vida. No olvidará lo que sucedió pero estará consciente de algo con la magnitud de una mosca que pasa silbando. Esa mosca es nada comparado con el buitre que ahora se posa sobre la cabeza de usted, con las garras profundamente aferradas a su corazón. Un día despertará y ese buitre ya no estará allí, y usted será libre.

La fisiología del perdón

El salmista sabiamente afirmó que en la culpa de su pecado, en el silencio y al encubrirlo "se envejecieron" sus huesos (Sal. 32:3). Él sabía entonces lo que la ciencia apenas está aceptando ahora. La culpa, el resentimiento, el pecado y el silencio tienen un efecto psicológico en una persona. Todo eso se combina para crear una enfermedad emocional y física en una persona, que pierde lo mejor de la vida porque está estancada en el pasado que no puede cambiarse. Nada será nunca suficiente para compensar lo que ocurrió. Nada tomará el lugar de los años o décadas perdidos porque se hizo algo malo. Sea que usted lo hiciera o que se lo hayan hecho, si se ha aferrado a la culpa y se ha negado a permitir que el perdón realice su efecto de sanidad sobrenatural, su cuerpo ha sentido los efectos de una falta de perdón en su mente.

En un reciente artículo en *Newsweek,* los autores comenzaron con una declaración de la verdad que el salmista conocía hacía mucho tiempo: "La persistente falta de perdón es parte de la naturaleza humana pero parece obrar para el perjuicio no solo de nuestro bienestar espiritual sino también de nuestra salud física".[1] Hubo un tiempo en que la profesión médica habría evitado un estudio acerca del perdón. El perdón era un tema a ser manejado por la comunidad religiosa. Incluso el campo de la psiquiatría estaba incómodo con analizar demasiado el perdón porque era un asunto de fe pero hoy es un tema muy estudiado en el campo clínico. En 1997, había solo cincuenta y ocho estudios publicados acerca del perdón. En la actualidad hay más de mil doscientos estudios publicados. Ese es un gran salto para el tema del perdón. Hay incluso una fundación llamada *Campaign for Forgiveness Research* [Campaña para la investigación del perdón].

Una de las cosas que verá en todos estos estudios es que la Biblia enseña la verdad acerca del perdón. La Biblia documenta la desolación del pecado y la destrucción progresiva cuando el pecado no es perdonado. Jesucristo murió por nuestro perdón. Tenía que pagarse un precio; un sacrificio hecho por nosotros para ser perdonados. Lo mismo se aplica cuando perdonamos. Tenemos que sacrificar nuestro derecho al resentimiento o al guardar rencor. Tenemos que morir a nosotros mismos para asegurar que podamos vivir en paz con nosotros mismos y con los demás. A veces parece que es lo más difícil de hacer pero en realidad no lo es. El vivir con los efectos nocivos de la falta de perdón es mucho peor.

El doctor Dean Ornish ha ayudado a muchas personas a ajustar su manera de vivir al comer de manera diferente. Ha ayudado a las personas a bajar su colesterol y su peso al comer mejor y vivir mejor. Él no se detiene con lo que una persona se pone en la boca. Él también quiere ayudar con lo que hay dentro en el corazón y en el alma. El hombre que ha ayudado a las personas a dejar de comer demasiada carne roja considera la ira y la venganza como carne roja consumida por el alma y el perdón como el saludable queso de soya de la vida.

El doctor Ornish dijo: "En un sentido, lo más egoísta que usted puede hacer por sí mismo es perdonar a otras personas". En otras palabras, no hay una gran lista de cosas que se puedan hacer que sean mejor que perdonar pero es una decisión que tiene que tomar cada día.

La fisiología del perdón funciona para que usted detenga el "envejecimiento" que mencionó el salmista. Cuando usted habla con franqueza acerca de su propio pecado y acepta el perdón de Dios por él, comienza a cambiar su fisiología. Cuando perdona a alguien por algo que le hizo a usted, el cambio está en su "corazón", como en su alma; pero está también en su *corazón*, como en el gran músculo rojo que bombea en su pecho.

Los estudios muestran que hay al menos dos maneras en que el perdón produce un resultado instantáneo para usted. De inmediato, se reduce el estrés en su vida. No es fácil mantener la amargura, la hostilidad, el odio, el temor de ser herido y el enojo en el mismo cuerpo mientras trata de presentarse como un ser humano normal y saludable. Esos estados emocionales producen aumento de la presión arterial y cambios hormonales que llevan a la enfermedad cardiaca y que afectan la función inmunológica. Hay evidencia de que también pudiera resultar en una reducción de la función neurológica y de la memoria. La falta de perdón es un potente explosivo interno que usted se administra a sí mismo en su perjuicio cada día.

> *La falta de perdón es un potente explosivo interno que usted se administra a sí mismo en su perjuicio cada día.*

Un estudio tomó a veinte parejas que tenían problemas en sus relaciones y las comparó con otras veinte parejas que tenían relaciones saludables y felices. El estudio incluyó muestras de sangre para ayudar a determinar la fisiología de los dos grupos. Como sería de esperarse, la salud de las parejas sanas y felices se reflejaba en una química más saludable en su sangre. Las parejas que estaban enojadas y resentidas mostraron niveles más altos de cortisona, esa hormona que nos da gran fuerza y poder bajo el estrés pero que nos destruye cuando no desaparece de nuestros sistema hasta mucho tiempo después de una crisis. Cuando a las parejas infelices se les preguntó por sus relaciones, se disparó esa química destructiva. Como resultado, las parejas que viven con constante resentimiento y amargura tendrán más problemas de salud que las que viven en relaciones sanas.

"Cada vez que usted siente la falta de perdón, es más probable que desarrolle un problema de salud", dijo Everett Wortington, director ejecutivo de la *Campaign for Forgiveness Research*. Esa es una declaración valerosa en cuanto a un vínculo directo de nuestra falta de perdón hoy para crear consecuencias saludables en el futuro. El perdón es parte de la sanidad de nuestro futuro así como que nos ayuda a vivir hoy una vida grandiosa.

El resentimiento y la amargura nos apartan de los demás y nos hace suspicaces y temerosos de las relaciones. El resentimiento nos aísla y crea una mentalidad de solitario. Se convierte en el muro supremo entre una red social saludable de familia, amigos, vecinos y comunidad y nosotros. Uno se deshace de las personas cuando se niega a perdonar. Usted tiene que cultivar una nueva manera de pensar y de relacionarse en vez de llevar una vida en la que se siente con derecho a aferrarse a los rencores.

Puede optar por vivir como alguien que perdona. Puede optar por hacer que toda su vida funcione mejor para usted al incorporar el repetido acto de perdón en la persona que es. Charlotte van Oyen Wityliet, una investigadora de la Universidad Hope de Holland, Michigan, dijo: "Debe incorporarse el perdón en la personalidad de uno; debe ser un modo de vida, no simplemente una reacción ante insultos específicos".[2] Si ha formado una vida en la que es común el rencor y el resentimiento sigue vivo en muchas de sus relaciones con los demás, la decisión de perdonar es la decisión de sanar su futuro y sanar lo que es usted ahora mismo.

Como lo he dicho antes, sé que se siente justificado en aquello por lo que siente enojo, amargura y resentimiento. Sin embargo, no hay justificación alguna para vivir sin hallar una manera de perdonar a todas las personas que lo hayan ofendido y entre ellas a usted mismo. Los beneficios del perdón son muy grandiosos para vivir sin ellos.

Tengo que practicar lo que predico

Antes escribí acerca de cómo yo había podido milagrosamente experimentar el perdón en mi divorcio. Puedo decirle que cualquier herida y dolor es como una mosca: Solo puedo oír que pasa silbando. El buitre se redujo muy rápido y estoy agradecido por eso. Esa experiencia fue muy parecida a otra que tuve en la que desarrollé un puro y justificable resentimiento. Y no hubo ninguna sanidad milagrosa en forma alguna. Me lo llevé conmigo a casa y vivimos juntos por muchísimo tiempo. Era muy difícil de abandonar.

Lo que me sucedió fue algo que nunca habría imaginado como

posible en mis primeros años al ser engañado con una gran suma de dinero. Me sentí traicionado, abandonado y tonto. No resolví bien la pérdida. Fue algo que me dejó con un resentimiento justificable del que necesitaba librarme. A fin de hacer eso, seguí la senda que espero que le ayude a usted.

En primer lugar, tuve que aceptar la fría y dura realidad de que mi posición "no puedes hacerme esto" no me hizo ningún bien ni me ayudó en el proceso de sanidad. Tuve que aceptar que yo no estaba en total control de mi vida y humillarme ante la realidad de que yo no era todopoderoso.

En segundo lugar, tenía que afrontar la realidad de que no tenía poder alguno para impedir lo que ocurrió. Tenía que aceptar mi impotencia. Fue difícil. Pensaba que yo era invencible, incontenible y de algún modo más allá de ese tipo de tratamiento. Tenía que cambiar mi falsa creencia de que "eso nunca podía sucederme" por la dolorosa realidad de que era débil y susceptible y sin poder.

El segundo aspecto de la aflicción que tenía que experimentar era con relación a Dios. Tenía que aceptar y afligirme por el hecho de que Dios decidiera permitir que eso ocurriera. Dios pudiera haber intervenido. Otros han formado parte de los milagros y yo pudiera haber sido parte de alguno. Dios pudo haber intervenido. Tuve que comprender que yo no era inmune ni estaba protegido de nada en este mundo. Dios me amaba pero no iba a intervenir cada vez que yo estuviera en una situación difícil. Esa es siempre una de las partes más difíciles de llegar más allá de la herida, del dolor y del resentimiento. Todos debemos aceptar en algún momento que Dios no saltó para intervenir y actuar en nuestro favor.

Acto seguido, hablé del hecho de que yo nunca volvería a ser igual. En muchos sentidos ese acontecimiento me afectó para siempre. No fue fácil aceptar que nada que yo pudiera hacer desharía el daño ni traería de vuelta lo que se había perdido.

Por último, tuve que decidir que, a cualquier precio, tenía que reanudar mi vida y moverme más allá de eso. De otro modo eso sería el centro mi vida y pudiera incluso controlar mi vida tanto que se convertiría en un falso dios para mí.

Descubrí que podía de veras perdonar, que podía liberarme al entregar el resultado a Dios, que tiene miles de animales en los collados. En otras palabras, puedo confiar en que, a pesar de todo, saldré bien. Fue una decisión positiva que mi vida se librara de eso y siguiera adelante.

No seguí adelante de inmediato. Por algún tiempo sentí enojo, furia, decepción, pesar y envidia. Me permití sentir esos sentimientos; tomó tiempo el contárselos a otros. Cuando los conté, comenzó a desaparecer su poder. Su fealdad comenzaba a ser sustituida por la paz y la calma y una aceptación de la realidad.

Lo que he descrito es un proceso, no un acontecimiento. Alguien pudo haberme dicho que perdonara y siguiera adelante y yo pudiera haber tratado de hacerlo pero eso no habría estado completo. Yo necesitaba todos los pasos para alcanzar un punto en que pudiera perdonar y no sentir mala voluntad en mi corazón. Eso ha ocurrido pero hubo un acto final de perdón que tuve que tener en cuenta antes que el proceso terminara.

La persona más difícil de perdonar

El último paso a fin de superar por completo esa pérdida y vivir en el perdón era perdonarme a mí mismo. La terrible experiencia no era totalmente mi culpa pero aún así necesitaba perdonarme a mí mismo. Necesitaba perdonarme por no verlo venir. Necesitaba perdonarme por no resolver la situación debidamente. Necesitaba perdonarme por ser un ser humano normal que pudo participar en algo y no salir oliendo como una rosa. Tal vez una mejor manera de decirlo sería que tuve que aceptarme con todos mis defectos. Esa aceptación fue el resultado final del proceso de perdón. Cuando hubo aceptación, el perdón ocupó su lugar y al fin pude seguir adelante. Pude volver a una relación más íntima con Dios y sentir su amor "nunca decayeron sus misericordias. Nuevas son cada mañana" (Lm. 3:22-23). Su compasión comprendió mi situación difícil y mi dolor y su amor estuvo allí para mí cada nuevo día.

Su pérdida frente a la mía

Sé que es probable que mi historia sea nada comparada con lo que usted ha pasado. Su historia pudiera ser acerca de recuerdos que quisiera borrar; recuerdos de abuso o de descuido que han vivido en usted durante muchos años. Algunos de esos recuerdos son de cosas tan horribles que ni siquiera se los ha contado a otra persona y el violador o terrorista o abusador merece el infierno, no el perdón. Lo último que usted quisiera hacer es pasar por algún proceso de perdón.

Nunca sugeriría que excuse lo que sucedió ni que olvide lo que ocurrió. Pero espero que comience a pasar por ese proceso con alguna otra persona y que luego se libre de todo eso. Aborrezco el abuso deshonesto porque, cuando no lo resolvemos, permitimos que el violador siga controlando nuestra vida. O hacemos lo absurdo, perdonar y seguir adelante, o seguimos estancados en el pasado, albergando culpa, vergüenza, enojo y amargura.

Usted pudiera haber tratado de perdonar pero el dolor nunca desaparece. Si así es, espero que vuelva a reflexionar sobre mi historia y que dé los pasos que yo di. Pudiera llevarle un año o más alcanzar plenamente un punto de perdón. Si así es, es mejor comenzar ahora mismo. Su herida pudiera ser tan profunda que tal vez lleve cinco años o más. Lo entiendo y si así es, permita que este sea el principio de ese proceso de cinco años para que pueda vivir el resto de su vida libre de la influencia de una mala persona o de un grupo de malas personas. Permita que este sea el día en que comienza el perdón.

La decisión de ser libre

Las decisiones de afligirse y de perdonar son fuerzas poderosas para desarrollar una vida que esté por completo libre del pasado. Son los peldaños para salir de sus viejos caminos y entrar en un futuro lleno de todo tipo de posibilidades. A veces las personas no experimentan esas posibilidades porque se aferran a ciertos aspectos del proceso del perdón.

Uno de ellos es el porqué del perdón. La razón del perdón no es dejar a la otra persona exonerada; es no dejarlo a usted colgado. Usted perdona para poder seguir adelante. Cada momento invertido en guardar un rencor lo mantiene atrapado en algo que sucedió hace demasiado tiempo para que siga guardando ese rencor. Cuando decide perdonar, no está liberando a la otra persona; se está liberando a sí mismo.

Tampoco debe esperar que la persona quiera o no ser perdonada o merezca que se le perdone. Si espera que esa persona lo desee, pudiera pasarse la vida esperando algo que nunca ocurrirá. La dureza del corazón de otro no es una excusa para endurecer el suyo. Perdone aunque la persona no esté consciente de que lo ofendió a usted. Perdone aunque la persona niegue que sea su problema. Perdone aunque la persona siga ofendiendo a otros. Déle el perdón de su corazón para que sea libre su corazón.

No piense que tiene que confrontar a la persona para poder perdonar. He evitado decirles a las personas que vayan a alguien y le digan a esa persona que está perdonada. Pienso que eso causas más problemas en vez de resolverlos. De inmediato pone a la otra persona a la defensiva, o al menos es probable que sea así. Si usted se me acerca y me dice que me perdonó, pudiera mostrarme a la defensiva y sabía que me mostraría reacio. Digo que saber eso sería una experiencia de sanidad para ambos. Pienso que es mejor sencillamente perdonar a la persona. Olvide eso y siga con su vida. Si necesita documentar lo que ocurrió, escriba en su Biblia o en su diario que este día perdonó a Roberto o a Susana, aunque esa persona no lo haya pedido, querido ni merecido.

El mandato bíblico

La Biblia tiene mucho que decir acerca de nuestra necesidad de perdonar a los demás. El ejemplo supremo es Cristo perdonándonos aunque no lo merecemos. Él fue a la cruz por nosotros aunque ni siquiera sabíamos que lo necesitábamos. Desde el mismo minuto en que nacimos Él ha provisto la manera de que nos libremos de nuestro pasado porque ya Él ha actuado para perdonarlo, a pesar de la rebeldía que podamos mostrar o la terquedad que mostremos al seguir estancados en nuestros pecados. Él nos perdonó y espera que perdonemos a otros. Una directiva muy marcada se encuentra en Mateo 6:14-15: "si perdonáis a los hombres sus ofensas, os perdonará también a vosotros vuestro Padre celestial; mas si no perdonáis a los hombres sus ofensas, tampoco vuestro Padre os perdonará vuestras ofensas". No hay nada más claro que eso.

Ese versículo puede ser confuso para algunos, ya que se nos dice en Romanos 10:9 que, si confesamos con la boca y creemos en nuestro corazón que Dios ha resucitado a Cristo de los muertos, seremos salvos. Mateo 6:14 parece indicar que se requiere más que eso. He aquí lo que creo acerca de ese pasaje. La única razón de que usted no perdonaría a alguien sus pecados es que usted no comprendiera plenamente lo que Dios ha hecho por usted o los pecados de los que Él lo ha librado. Si no cree que es un pecador necesitado de perdón, entonces no perdonará a otros. Si está agradecido de que Dios lo ha perdonado por medio de Cristo, entonces les dará a otros lo que se le ha dado a usted. Así que una falta de perdón pudiera ser una señal de que usted no ha aceptado el sacrificio de Cristo como la clave de su propio perdón. Si está guardando rencor, tengo que preguntarle si de veras cree y confía en Cristo.

Tal vez afirme que su situación es distinta. Pudiera exigir ser la excepción de la regla pero no lo es. Yo estaba hablando acerca de esa necesidad de perdonar y de aceptar el perdón en un seminario de "Piérdalo para toda la vida" el año pasado. Hablé de llevar la culpa del pecado de otra persona y de la necesidad de creer que usted no es merecedor de la vergüenza.

Pedí a los presentes que pensaran en los violadores de niños que mataron a sus víctimas y que ahora están sentados en las galeras de la muerte esperando que se les ejecute. Sugerí que algunos de nosotros pudiera decirles a algunos de ellos que se avergüencen. Pero ellos pueden aceptar el sacrificio de Cristo por sus pecados y vivir libres de la culpa. Si no es merecedora de la vergüenza, tampoco es la persona hacia quien guarda usted rencor. Permita que esa persona sea perdonada, y usted se libera para llevar una vida de sanidad y esperanza.

El pródigo de Rembrandt

Hace algunos años estaba en Toronto, Ontario, escuchando a Henry Nouwen. Fue asombroso cuando habló acerca del hijo pródigo. Casi todos conocen la historia del muchacho que exigió la mitad de su herencia y luego lo derrochó todo, solo para hallarse viviendo entre los cerdos y comiendo lo que estos comían. En un momento de claridad mental, se dio cuenta de que los criados de su padre comían mejor, de modo que tomó humildemente el camino de vuelta al hogar para pedir servir y tener buena comida y un lugar seguro donde vivir. Cuando llegó al tope de la colina, allí estaba su padre, mirando a cierta distancia como si hubiera estado esperando desde un principio. Saludó al muchacho y lo acogió en la familia poniéndole un anillo en su dedo y haciendo una gran celebración.

Resulta interesante observar que el joven ya había tomado la mitad de todo. Cuando volvió, eran pocas sus expectativas pero su padre puso un anillo en su dedo, lo que simbolizaba que ahora volvía a tener derecho a la mitad. Había sido aceptado de vuelta con los plenos derechos como hijo.

No es de extrañar que el hermano mayor se enojara. Ahora le quedaba un cuarto de la herencia original que podía esperar. En vez de sentirse agradecido por eso y por la redención de su hermano, se sentía enojado y resentido. La historia está llena de simbolismo y representación. El padre representa los sentimientos de Dios y sus acciones con respecto a nosotros. El pródigo representa a todos los que nos rebelamos y nos vamos por nuestro camino. El hermano mayor representa nuestros métodos condenatorios de tratar con quienes han sido sorprendidos en el pecado y vuelven otra vez a nuestras iglesias.

Aquella noche Henry Nouwen terminó su conferencia repartiendo copias de un cuadro de Rembrandt del momento en que el padre da la bienvenida al hijo pródigo que volvía al hogar. Es una pintura de un muchacho arrodillado delante del padre y el padre con los brazos echados alrededor del muchacho, con las manos descansando sobre la espalda de este. Si se mira con cuidado la pintura, se ve que una de las manos es fuerte y llena de poder, pintada con el modelo de un hombre lleno de poder y fortaleza. Si observa con cuidado y la compara con la otra mano, descubre algo asombroso. La otra mano no es perfectamente igual. Es más débil, más suave y más amorosa.

Rembrandt usó a una mujer para modelar la segunda mano. Esa segunda mano suave y amable representa la gracia que Dios tiene y comparte con nosotros. Es la mano de un Dios tan amoroso que envió a su Hijo perfecto para que sufriera y muriera por todos sus hijos pródigos. Cuando entendemos plenamente la magnitud de eso, estamos dispuestos a extender ese mismo perdón a los demás. Según leo Mateo 6, no solo nuestra vida en la tierra depende de eso, sino también nuestra vida eterna.

Incluso el *New York Times*

La Biblia no es el único lugar donde encontramos bosquejados los beneficios del perdón. Incluso el *New York Times* escribió del poder del perdón en la sección de ciencia el 22 de mayo de 2004. El artículo escrito por Erica Goode, "Errar puede ser humano; perdonar es bueno para usted", trataba acerca del doctor Robert Karen, un psicoterapeuta. La inspiración para el artículo fue el nuevo libro de Karen, *The Forgiving Self: The Road from Resentment to Connection* [El perdón de sí mismo: La senda del resentimiento a la relación]. En el libro y en el artículo, el doctor Karen hablaba del daño hecho cuando no perdonamos. Él dijo que: "Si la ofensa se convierte en ese lacerante resentimiento que vive con usted, entonces nunca ha superado el ser una víctima. Y de esa manera el no perdonar puede ser algo horrible para la persona que no perdona". Dijo que comenzó su estudio pensando que el perdón era todo acerca del pensamiento moral y de la religión. Lo que el médico no comprendió es que la religión cristiana no es simplemente una religión; es una relación que afecta toda la vida. Eso es lo que me encanta de ser cristiano: Lo que creo tiene una influencia positiva en cómo vivo si integro plenamente mi fe a mi manera de vivir. Cuando el perdón deja de ser un concepto religioso para convertirse en un modo de vida, soy libre para experimentar la última palabra en el subtítulo del doctor Karen: *La relación*.

Una vez más hago la pregunta: ¿Es siempre bueno perdonar? Según Efesios 4:31-32, perdone por su propio bien y por el bien de quienes lo rodean: "Quítense de vosotros toda amargura, enojo, ira, gritería y maledicencia, y toda malicia. Antes sed benignos unos con otros, misericordiosos, perdonándoos unos a otros, como Dios también os perdonó a vosotros en Cristo".

Siempre es bueno perdonar y volver a perdonar. Mateo 18:21-22 nos dice que perdonemos setenta veces siete. No se escribió para permitir que una persona guarde rencor en la infracción número cuatrocientos noventa y una. Está allí para decir que debemos seguir perdonando un infinito número de veces, sin permitirnos nunca el quedar atrapado por el resentimiento o la amargura.

Supere eso

Una de las conferencias que presenté me llevó a una mujer que estaba enojada y amargada. Estaba atormentada por la realidad de su situación. Ella me dijo esto: "No pasa un día que no esté obsesionada por mi pasado. Nadie me entiende porque no han pasado lo que yo he pasado". Le pregunté por lo que había pasado y ella dijo que había sido abandonada por la madre y la habían adoptado. Siendo el padre de una hija adoptada, comprendía las dificultades que presenta la adopción pero esas deben resolverse antes que la persona adoptada cumpla los cincuenta y cuatro años. Me dijo que toda su vida había sido definida por su adopción; había definido su vida y le había robado la alegría. Quería saber qué andaba mal con ella. Tenía que saber por qué era eso. No podía superar el rechazo.

Le expliqué que nunca fue rechazada. Sus padres no tenían idea alguna de quién ella sería. No la conocían personalmente y entonces la rechazaban. Rechazaban el concepto de tener un hijo, no al hijo real. Más bien rechazaban el concepto de un hijo, no de una persona. Le señalé la gran diferencia entre los dos. Le pedí que tomara tres decisiones sanadoras que cambiarían su vida.

En primer lugar, le pedí que aceptara su historia de adopción. La invité a que se relacionara con otros que eran adoptados en vez de rechazarlos como ella sentía que fue rechazada. El aceptar su historia la pondría en armonía con algunas personas muy notables que han sido adoptadas, entre ellas mi hija.

En segundo lugar, le pedí que se afligiera por la pérdida de estar en su familia de nacimiento. La invité a que derramara las lágrimas de tristeza para que no tuviera que llevar la carga de amargura, resentimiento y enojo. La invité a que se librara del pasado y sanara su futuro después de todos esos años.

En tercer lugar, la invité a que escogiera el perdón. No solo el perdón de sus padres de nacimiento, sino pedir perdón de los padres que la criaron. Ella tenía que pedirles que la perdonaran por no ser agradecida por los sacrificios que hicieron para criarla. Le sugerí que cambiara su resentimiento por la gratitud. Usted puede hacer lo mismo; puede aceptar cualquiera que sea la realidad suya. Puede afligirse por todo lo que ha perdido, y puede perdonar lo que no puede deshacer. Cuando lo haga, será libre.

Efesios 4 nos dice que nos libremos de toda amargura. Así que déle un vistazo a su vida y vea si hay algo allí que lo esté amargando. ¿Está una raíz de amargura causando todo tipo de problemas en su relación con Dios y con los demás? De ser así, arranque esa raíz con la herramienta del perdón y en su lugar cultive la bondad y el perdón que Dios le ha dado.

Usted también pudiera necesitarlo

A veces nos resulta difícil perdonar a otros porque no nos sentimos perdonados. A veces tenemos que resolver nuestras propias irresponsabilidades con los demás para sentir el completo poder del perdón. Descubrí eso durante el punto crítico de mi díscola manera de vivir en la universidad. El proceso de llamar o de escribir a alguien que pudiera recordar que yo había ofendido fue sanador y me hizo sensible para ser plenamente perdonador de los demás. Desde entonces he tenido que hacer lo mismo una y otra vez.

Hace algunos años, escribí una carta a un colega que se había portado indebidamente conmigo durante un almuerzo. Él acababa de lograr más ingresos y se sentía arrogante y enojado ante la idea de que yo pudiera hacer algo similar a lo que él estaba haciendo. Fue uno de esos raros momentos en que nada iba a mejorar la situación. Incluso me puso de vuelta y media en un minuto. Me fui asombrado ante la cólera que yo había despertado en ese hombre que en realidad necesitaba analizarse a sí mismo y el porqué estaba tan molesto con mis planes que, en realidad, no competirían con lo que él había hecho.

Mientras observaba el almuerzo, o más precisamente obsesionado por él reiteradas veces, comencé a mirarme a mí mismo. Comencé a dejar que entrara un poquito de luz y vi un vislumbre de mí mismo en un espejo oscuro. Era yo quien había sido arrogante. No había respetado sus logros ni los había reconocido debidamente. No le había mostrado el respeto que habría ablandado su corazón. Así que, aunque él tenía sus propios problemas, yo tenía que atender a los míos. Escribí una carta y le pedí que me perdonara por no ser más sensible a sus necesidades en aquel almuerzo. Entonces reconocí sus grandes logros.

Varias semanas después me escribió una carta maravillosa deseando renovar nuestra relación. Ya no me obsesiono por aquel extraño almuerzo. Ni siquiera es algo en lo que pienso a menos que vaya a escribir un libro, en busca de un buen ejemplo de lo que el pedir perdón puede hacer para usted. Esa no fue una importante crisis de la vida pero era algo que estaba en mi mente. Y con una simple carta aclaré las cosas, tranquilicé mi conciencia y estuve libre del incidente para siempre. Lo que experimenté por aquel insignificante dilema del almuerzo usted puede experimentarlo por las cosas más insignificantes que haya desarrollado a lo largo de su vida.

La Biblia dice: "Por tanto, si traes tu ofrenda al altar, y allí te acuerdas de que tu hermano tiene algo contra ti, deja allí tu ofrenda delante del altar, y anda, reconcíliate primero con tu hermano, y entonces ven y presenta tu ofrenda" (Mt. 5:23-24). Hay una orden muy directa a cuidar de los asuntos personales antes de resolver los espirituales. Si lo hace, es un don para la otra persona pero es también un gran don para usted mismo.

Una de nuestras oyentes de *New Life Live*, Kathleen Parsa, redactó algunos modelos de cartas para enviar a las personas a quienes hay que pedir perdón. Esa es la manera más segura y más fácil para lograr eso. Si hay una gran ofensa y puede encontrarse cara a cara, esa es, desde luego, la mejor ruta a seguir. La segunda es hacer una llamada telefónica. Para muchas personas eso es muy difícil e imprevisible para comenzar. Si eso es cierto para usted, en vez de no hacer nada, tal vez quiera usar uno de los siguientes modelos de cartas adaptados a su estilo para resolver algunos viejos y difíciles problemas.

Carta #1

Estimado _____:
Ha pasado mucho tiempo.
Le escribo porque necesito hacerlo. Usted es importante para mí y ya he esperado demasiado. Quiero pedir perdón por mi conducta en el pasado. Siento haberlo ofendido.
Tenga la bondad de perdonarme.

Atentamente,

La carta #1 es sencilla, va al grano y cumple su función. Es un poquito impersonal, de modo que pudiera encontrar la carta #2 aún mejor para su situación.

Carta #2

Estimado _____:

Es probable que se sorprenda al saber de mí. Ha pasado mucho tiempo.

Estoy escribiendo porque necesito tranquilizar mi conciencia. En el pasado, cuando hubo situaciones o conflictos hirientes, a veces optaba por eludir a una persona, en vez de tratar de resolver el problema.

Sin embargo, al andar cada vez más cerca de Cristo, Él me está mostrando que las puertas cerradas no sanan las relaciones. Solo temporalmente eso me ayudó a evitar situaciones incómodas.

Pero Dios es bueno. ¡Él me ha perdonado por todos mis defectos! Ahora, por gratitud a Él, le pido a usted que perdone mi conducta en el pasado. Siento haberlo ofendido.

Tenga la bondad de perdonarme.

Atentamente,

Esas dos cartas pudieran ser demasiado superficiales dada la gravedad de lo que usted ha hecho. Si su ofensa es demasiado grave para ser resuelta con las primeras dos cartas, quiero ofrecer una tercera opción que pudiera dar resultado.

Carta #3

Estimado_____,

He estado pensando mucho en usted. He estado orando y esperando que su vida sea bendecida.

La razón por la que he estado pensando y orando por usted es que he querido confesarle que fue muy malo lo que hice. No le presento excusa ni justificación alguna. Hice lo malo y he vivido con la culpa y la vergüenza cada día de mi vida.

Quería que supiera que no escapé sin castigo. He sentido el

dolor de eso casi todos los días.

Le escribo para pedirle perdón. Puedo entender por qué usted no lo daría. Pero quiero que sepa que significa algo para mí y que lamento mucho lo que hice.

Tenga la bondad de perdonarme.

Seguiré orando por usted y espero lo mejor para su vida.

Atentamente,

Tal vez esa satisfará mejor su necesidad si ha ofendido profundamente a alguien. Si recibe sus cartas de vuelta sin abrir, tal vez quisiera enviar una tarjeta postal con una sencilla frase escrita en ella: "Lo siento. Perdóname". Por lo menos usted sentirá como si se hubiera puesto al nivel de alguien.

Quiero pedirle que haga algo en la esfera de su propia necesidad de perdón. Soy un compañero luchador suyo y puedo probar lo valiosa que resulta una simple carta. Pudiera cambiar su vida. Pudiera restaurar una relación y traer profunda sanidad a la otra persona y a usted. Más que todo, pudiera llegar a lo profundo de su propio corazón y quitar cualquier cosa que le está impidiendo que perdone a alguien. Aun cuando la persona no lo perdone, siempre pensará en aquel momento y sabrá que hizo lo que pudo para resolver el asunto.

La gran mentira
"El perdón es solo para quienes lo merecen o lo ganan".

No escuche la gran mentira de que el perdón es solo para quienes lo merecen o lo ganan. Es un don de la gracia de Dios. Dios hizo lo incomprensible de tomar nuestro pecado y recibir su castigo. Él hizo lo que nosotros no tenemos que hacer para que podamos hacer lo que no podemos hacer. No podemos alcanzar la perfección para ser dignos de estar en su presencia pero ahora no tenemos que alcanzarla. Él lo ha hecho por nosotros. Si Él ha hecho eso por nosotros, podemos hacerlo por los demás. El estado emocional o la actitud de la otra persona no debieran tener nada que ver con nuestros planes de perdonar. Nunca se sabe lo que una sencilla petición de perdón pudiera hacer por otra persona.

La vida de las personas ha sido transformada porque alguien corrió el riesgo y pidió perdón. El riesgo se vuelve la semilla de sanidad en la vida de otra persona. Casi al final del libro analizaremos la decisión de servir pero es conveniente mencionarla aquí. El pedir que alguien lo perdone, aun cuando sea por su reacción ante la forma que lo ofendió, pudiera ser el acto humilde de servicio necesario para comenzar la sanidad en la vida de otra persona.

Usted pudiera ser el candidato menos probable para ayudar en el proceso pero Dios tiene una historia de usar a personas muy improbables para cumplir sus propósitos. Ya sea que necesite perdón o que necesite perdonar, hacer el contacto y correr el riesgo hará de usted un pacificador y será bendecido ante los ojos de Dios. No espere hasta que alguien merezca el perdón. Perdone de cualquier modo y comience el proceso ahora mismo.

Levar el ancla

El resentimiento, la amargura y la falta de perdón nos mantienen anclados a un pasado que no puede cambiarse. No podemos volver atrás y deshacer el daño de ayer pero podemos deshacer el daño que se está causando hoy. Hacemos eso con el acto del perdón. En primer lugar, buscamos el perdón de Dios y nos bañamos en su gracia liberadora. Permitimos que se nos perdone y vivimos perdonados en vez de vivir como seres culpables y avergonzados. Debemos resolver nuestras propias irresponsabilidades haciendo restitución y tratando de reconciliarnos cuando es debido. Entonces tenemos que brindarles a los demás lo que hemos experimentado por nosotros mismos. Levamos nuestras anclas del pasado y nos aferramos a sus cadenas y les ayudamos a levar sus propias anclas. Hace algunos años yo estaba hablando para un maravilloso ministerio en la costa occidental de los Estados Unidos. Una valerosa mujer dio su testimonio antes que yo hablara. Dijo algunas cosas que hablaron a mi corazón. Ya no se estaba ocultando de lo que había estado experimentando. Estaba de pie, contando su historia y en el corazón de su historia estaba el perdón. Era una de esas personas que había sido herida tan profundamente que hacía mucho tiempo que el perdón parecía imposible. Ella había sido violada a edad temprana y había guardado el secreto. Dijo que era difícil sanar con su dolor al descubierto. Sufría de problemas físicos y tenía varias conductas viciosas. No confiaba en nadie y llevaba una vida lastimosa.

Ella hizo todo lo que le dijeron en la iglesia. Oraba, leía la Biblia e iba a la iglesia pero nada de eso produjo la sanidad que anhelaba experimentar. Finalmente oyó la voz de Dios que le decía que podía seguir en su estado lastimoso o podía desarrollar una vida poderosa pero no podía hacer ambas cosas. Ella escogió una vida poderosa. Acudió a tres cosas para producir el resultado que deseaba: La sanidad.

Acudió a Dios en busca de consuelo. Se negó a permitir que sus vicios la siguieran consolando. Halló consuelo en su relación con Dios. Fue sensible al amor incondicional de Dios y de sus seguidores. Se relacionó con otros que podían ayudarle y por primera vez, buscó tratamiento para su dolor en la persona de un ministro. Mientras recibía el tratamiento, se dio cuenta de que lo único más difícil que ser sanada sería seguir viviendo sin ser sanada, como estaba. No sería fácil pero podía hacerlo.

Cuando ella terminó, pudo experimentar el perdón a nivel del corazón por primera vez. Dijo que abandonó su propio plan de querer que el hombre se sintiera mal por lo que había hecho o reconociera la tremenda herida que había causado. Se dio cuenta de que la muerte de Cristo la había liberado de la ley y que no podía tratar de poner a alguien bajo la ley de la que ella fue librada. Ni siquiera al hombre que la había violado. Se expresó con franqueza acerca de su resentimiento y su amargura, y desaparecieron la enfermedad y el poder malvado que estaban allí. Fue liberada de la esclavitud de esos secretos sombríos.

A la larga llegó a ser producto de la obra de Cristo. Su identidad fue la de una vencedora, no la de una víctima. Ya no se vio a sí misma como una mujer que fue violada a edad temprana. Se vio a sí misma como una obra de Dios, capaz de extender la mano a los demás y ayudarlos a andar por donde ella había andado. Ella usó 2 Corintios 1:3-4 como su guía: "Bendito sea el Dios y Padre de nuestro Señor Jesucristo, Padre de misericordias y Dios de toda consolación, el cual nos consuela en todas nuestras tribulaciones, para que podamos también nosotros consolar a los que están en cualquier tribulación, por medio de la consolación con que nosotros somos consolados por Dios".

Con el perdón al fin a nivel del corazón, pudo salirse de sí misma y entrar en la vida de los demás, dando consuelo y dirección a quienes están sufriendo sus propias heridas. Todo eso de una mujer tan herida en los primeros años de la vida. Ella terminó su presentación con la Palabra de Dios: "Vosotros pensasteis mal contra mí, mas Dios lo encaminó a bien, para hacer lo que vemos hoy, para mantener en vida a mucho pueblo" (Gn. 50:20). Qué mensaje de una mujer que ha estado en las profundidades de la desesperación y ahora está viendo que Dios ha sacado tanto bien de todo eso.

Termino este capítulo con un mensaje para quienes han sido heridos más allá de lo creíble. No soy insensible ante su situación. Quisiera poder ayudarlo a deshacer el abuso y los años de dolor y de agonía que ha sufrido. Pudiera estar mirando un largo proceso delante de usted para que pueda decir que ha perdonado a la persona que lo ofendió. No tiene que terminar cayéndole bien esa persona o deseando pasar tiempo con ella. Sin embargo, sé que, si usted hace el trabajo, puede un día perdonar y seguir adelante con su vida. Pudiera tomar años, así que comience ahora mismo esos años. Espero y pido a Dios que salga de su amargura y resentimiento y entre en el perdón. No puede hacerlo solo pero con la ayuda de Dios sé que puede hallar el poder de perdonar.

La sanidad es una elección. Es la elección de Dios. A veces decidimos solo pedirle a Dios que nos ayude a sanar pero Dios nos ha dado algunas opciones que nos llevarán a la sanidad. La decisión de perdonar es la más grande que podemos tomar. Es a veces la última decisión de quienes han sido muy heridos. Sin que importe lo que usted haya hecho o lo que se le haya hecho a usted espero que tome la decisión sanadora de perdonar.

8

LA OCTAVA ELECCIÓN:
La decisión de arriesgar su vida

LA OCTAVA GRAN MENTIRA:
"Debo protegerme de más dolor".

La senda de la sanidad lo lleva a usted por las profundidades de sus sentimientos, de su aflicción, de su perdón y de la aceptación de toda su vida. Cuando hay aspectos que no están sanando, usted busca y obtiene el tratamiento que necesita. Usted decide sanarse y con cada decisión permite que la gracia sanadora de Dios sustituya las partes enfermas de su alma. Usted vuelve a encontrar su vida, o quizá la encuentra por primera vez. A medida que usted crece, llega a un punto en que se mueve hacia delante o se queda estancado y pierde lo mejor de la vida. O puede encogerse de miedo para protegerse, o da un salto de fe impulsado por su valor y comienza a arriesgarse. Si ha sufrido una enfermedad, se arriesga al tener otra. Si ha sido ofendido por un hombre, se arriesga al tener una relación con otro. Si ha sentido tanto miedo que se ha encerrado en su vecindario o en su casa o simplemente en su habitación, corre un riesgo y sale de los muros que ha construido para protegerse. Esos muros no lo han protegido a usted; lo han infectado. Lo han infectado con un alma putrefacta, porque ha dejado de vivir cuando está detrás de ellos.

Como he dicho antes, quedé devastado por mi divorcio. Era un zombi andante, tan solo yendo de una cosa a la otra. No quería estar con otra mujer por temor a no poder dar la talla y ser nuevamente rechazado y traicionado. Decidí ocultarme o entrar en un proceso de hibernación mientras me encargaba de las heridas que no quería repetir.

Formé mi propio mundo de mi casa al trabajo y del trabajo a mi casa. Siempre estaba en uno de esos dos lugares y me atrevía a salir muy poco fuera de eso; estos eran los lugares más seguros para mí. Era la única manera que conocía para impedir otro desastre. Me estaba afligiendo y me estaba sanando pero en realidad no iba a ninguna parte. A medida que pasaron los meses, fue cada vez más obvio que yo tenía que cultivar otra vez una vida social pero temía arriesgarme. Temía que el más mínimo dolor me pusiera en el borde del abismo.

Algunos buenos amigos me sugirieron que conociera a una amiga de ellos. Su esposo la había dejado y ella era muy inteligente y atractiva y vivía en una ciudad vecina. Al fin cedí y la llamé por teléfono. Ella parecía muy agradable hablando por teléfono y conversamos algunos minutos, y decidí que nos reuniéramos. Era un viernes por la noche y solo quería tomarme con ella una taza de café en un lugar público, de modo que si resultaba ser algo incómodo, podría tomarme rápido el café y cada cual tomaría su camino.

Le pedí que nos encontráramos en el restaurante Bombay, que no está muy lejos de mi casa. Quería reunirme con ella a las siete pero ella tenía que asistir primero a una reunión, así que decidimos reunirnos a eso de las nueve. A eso de las nueve significa las nueve para mí. Supongo que significaba las diez para ella. Luego de una hora de mirar a las personas entrar y ver si no estaban casadas y se ajustaban a su descripción, ella camino hacia mí y se me presentó. Le sugerí sentarnos en un lugar cerca de una esquina para evitar lo que parecía una reunión de las Naciones Unidas de unas cien personas en el vestíbulo, hablando casi cualquier idioma imaginable y en voz alta. Demasiado para mi plan de encontrarnos en un lugar donde sería fácil la conversación.

No podía oír a la mujer. Estábamos sentados a unos 30 centímetros el uno del otro y no podía escucharla. Después de unos diez minutos sin poder escucharla, le pregunté si quería ir a otro lugar donde pudiéramos hablar. No sé si me tenía miedo o ya sabía que debíamos hacer esto lo más breve posible pero dijo que estaba muy contenta de conversar allí, frente a la delegación irlandesa. Ellos debieron haber sido elegidos allí el país más ruidoso y estaban dando muestras de sus habilidades para gritar.

Allí estuvimos sentados, ella diciendo cosas que yo no escuchaba o comprendía y yo llevando una conversación conmigo mismo dentro de mi cabeza. Me preguntaba cuántas palabras por minuto estaba diciendo y de cuando en cuando hacía una señal con la cabeza, lanzaba un gruñido, o un "bueno, ahí vamos". Una vez usé el "bueno, ahí vamos" de una manera indebida porque, en vez de decir algo que habría encajado en la conversación, ella en realidad me había hecho una pregunta. Allí estaba yo, atrapado sin escuchar. No era que no quería escucharla; era que simplemente no podía escucharla y ella no estaba dispuesta a ir un lugar diferente.

Mientras continuaba aquella conversación en una sola dirección, me permití refugiarme en el hecho de que recomenzaba a estar con alguien del sexo opuesto y estaba temeroso de terminar en la misma situación en que había estado antes. Reconocí mi inexperiencia y mi falta de aptitud en lo que suponíamos estar haciendo. Ella aplacó mi impulso justo en mi primera salida. Ella balbuceó: "¡Oh, así que debe ser por esto que pareces tan poco disponible emocionalmente!" Esta afirmación prácticamente terminó con cualquier esperanza que podía tener de que ella llamara a los amigos que había propiciado nuestro encuentro para decirle qué buen tipo yo era.

Pensé: *Aquí estoy, soy nuevo en la escena del noviazgo y esta es mi primera salida. Ella representa todo lo significa el género femenino para mí; ella tiene mi futuro en sus manos* (o al menos pensaba que lo tenía). *La manera en que esto salga determinará si me atreveré o no a salir nuevamente y ella no puede ser amable y cortés por unos veinte minutos tomando una taza de café.*

Toda la inferioridad y la insuficiencia que sentí a través de los años se desmoronaron dentro de mi regazo y estaba listo para que esta noche terminara. No era un hombre feliz, ya que mi temor se había hecho realidad. He temido el rechazo y la humillación y fue precisamente lo que obtuve. *Retirada de la escena del noviazgo* fue lo único en que pude pensar. Quise un ejemplar del libro de Josh Harris, *Le dije adiós a las citas amorosas*. Yo no pude decirles adiós muy pronto. No llamé al día siguiente pero llamé a mis amigos para hacerles saber que no habría ninguna reunión futura entre esa mujer y yo.

Yo había corrido un riesgo y esto me había herido un poco. Comprendía que tenía que correr otro riesgo si iba a tener una vida nueva plena de diversión y de personas interesantes pero esto era bastante antes de estar dispuesto a arriesgarme otra vez. Le digo esto para que sepa que he estado donde usted está si está enfrentando un tiempo difícil con este tipo de decisión. Sé el alivio que se siente cuando se levanta un muro ante cada posible perjuicio a fin de protegerse. Sé cómo uno se siente cuando piensa que va a derrumbarse si siente el más mínimo dolor. También sé cómo es el tratar con el temor y comenzar a arriesgar su vida a fin de encontrarla.

Estoy convencido de que la vida sin riesgos no es gran vida. Conozco a jóvenes que heredaron mucho dinero y tuvieron todas las comodidades y seguridad que pudieran pedirse. Lo tuvieron todo y vivieron sin pasión, porque no había nada que incendiara esa pasión. No había riesgos en su vida y dejaron de ser los hombres que pudieron haber sido porque todo era muy predecible y cómodo.

El que todo sea predecible realmente nos encadena a las cosas viejas e impide que nos movamos hacia las nuevas. La comodidad puede encerrarnos en una matriz que debíamos haber abandonado ya pero a la que regresamos. Debemos abandonar las cadenas de lo predecible y el vientre de comodidad, saltar al exterior y correr un riesgo si de veras vamos a vivir.

El riesgo es una decisión de sanarse, ya que estira un poco los tejidos cicatrizados y evita que seamos dominados por la energía. Al igual que una persona con quemaduras, que debe mover con mucho dolor las extremidades cicatrizadas para estirar la piel, debemos hacer lo mismo con nuestra alma. Debemos estirarla hacia lo que no es cómodo para que no nos confinemos a lo que es cómodo. Este alargamiento viene del riesgo.

Nos arriesgamos a relacionarnos porque, si no lo hacemos, parte de nosotros morirá en el aislamiento. Debemos arriesgarnos a volver a amar, ya que, si no lo hacemos, nos amargaremos y aislaremos. Nos arriesgamos a tener éxito, sabiendo que esto pudiera confirmar ser un fracaso y pudiéramos parecer ineficientes. Sin embargo, si no nos arriesgamos, llevaremos una horrible vida de aburrimiento y soledad, convenciéndonos de que estamos bien mientras dejamos pasar el tiempo hacia un final miserable. No tiene que ser de esa manera si decidimos correr un riesgo.

Verdadero riesgo

Algunas personas temen tanto el no influir en nada que el peligro no parece un gran factor para ellas. En el momento en que estoy escribiendo esto, Irak no es un lugar muy seguro para estar allí; está lleno de riesgos. En las últimas dos semanas, cincuenta soldados de nuestras tropas han perdido la vida en la toma de la ciudad de Fallujah. El 8 de julio de 2004, la edición del *Orange County Register* [El registro del condado Orange] contó en la primera página la historia de una persona arriesgada. Era la historia de Talib Alhamdani de Irvine. El reportero, Vik Jolly, contó acerca de la vida familiar de Talib en el soleado sur de California. Ellos amaban la fábrica de pasteles de queso y manejar por las carreteras despejadas bajo una noche estrellada. Él amaba su vida pero amaba más a su pueblo en Irak. Así que, en medio de explosiones y batallas, dejó su cómodo hogar para regresar a Irak y enseñar a su gente los principios de la democracia. En el pasado su día típico hubiera incluido almorzar con amigos, pasar tiempo en la Internet buscando noticias sobre Irak. Ahora su día típico es en pleno Irak, reuniéndose con personal Iraquí para organizar diálogos en las casas de ayuntamiento, planeando conferencias, escribiendo informes y viviendo en medio de la rehabilitación interna de su país. Él dijo esto acerca de su vida nueva en la cual las bombas han explotado a unos doscientos metros: "Estoy muy feliz con la decisión que he tomado. Hubiera deseado haberla tomado antes. Estoy muy feliz de ser parte de la historia y es un sueño para un investigador político el vivir en una época en que están sucediendo cambios políticos y sociales. Espero un futuro brillante para Irak".

Esas son las palabras de un hombre cuya vida no está controlada por el miedo. El riesgo es parte del tejido de toda nuestra vida pero Alhamdani ha envuelto con él toda su vida. Él es el ejemplo supremo de poder ejercer influencia una vez que uno enfrenta sus temores y sale a un mundo inseguro lleno de riesgos. Cuando usted puede navegar por la vida con una conciencia saludable del peligro pero dispuesto a correr riesgos para influir en quienes lo rodean, comienza a vivir la vida en una nueva dimensión.

¿QUÉ SE ESTÁ PERDIENDO?

¿Se ha detenido a pensar en lo que pudiera estarse perdiendo porque no está dispuesto a arriesgarse? Tal vez sea una relación con una persona fascinante. Tal vez sea el estar en un viaje donde su vida cambiará para siempre. Quizás sea el estar en un grupo donde usted habla de su vida y halla esperanza y aliento. Hay muchísimas cosas que pudiera perder si no está dispuesto a correr un riesgo. Comprendo la seguridad que viene del hecho de que todo permanezca igual pero el que todo sea predecible puede llegar a convertirse en un dios. Usted pudiera estar viviendo su vida más hacia hacerla predecible que hacia encontrar lo que Dios tiene para usted. Pudiera haber una vida nueva esperando por usted si está dispuesto a correr un riesgo.

> *Comprendo la seguridad que viene del hecho de que todo permanezca igual pero el que todo sea predecible puede llegar a convertirse en un dios.*

La edición de enero de 2004 de *Smithsonian Magazine* presentó un asombroso artículo acerca de una familia que sabía lo que era correr riesgo. Era la historia de Hassan Lamungu de Somalia. Este hombre formaba parte de la tribu Bantú, la más pobre de las tribus de ese país y Hassan era tan pobre como pudiera usted imaginarse cuando se trataba de cosas materiales. No tenía siquiera una gallina y en su país hasta los más pobres tienen una gallina. No hablaba ningún otro idioma que no fuera el suyo y solamente sabía trabajar duro en cualquier cosa que se le presentara pero quería algo mejor para su familia.

Hassan llenó y firmó el formulario de la lotería internacional para emigrar a los Estados Unidos de América. Había oído hablar de la buena vida que hay allí y de todo el peligro también. Él sabía que a personas como él se les explotaba todos los días pero quería probar una nueva vida para su familia y para él. Año tras año esperaba que la lotería lo escogiera para ir a los Estados Unidos. Cuando al fin lo logró, juntó a su familia, viajó medio mundo y comenzó una vida nueva de modo que pudiera lograr algo con su vida y ganar dinero para mandar a otros familiares en su país.

Hassan lo está logrando. Un día a la vez él lo está logrando en una tierra donde desconoce el idioma y las costumbres. Sus hijos están encantados y maravillados y su esposa admira su valor y su disposición a correr riesgos. Tengo que preguntarme cuántos de nosotros no estamos viviendo donde podríamos vivir, haciendo lo que podríamos hacer, porque somos contrarios al riesgo. Pudiera haber otra vida tan diferente como lo es Norteamérica de África pero nunca la experimentaremos si no estamos dispuestos a correr un riesgo.

El compañerismo

Si está pensando que simplemente no está en usted el arriesgarse, piense de nuevo. Pudiera estar paralizado por el temor y su pasado pudiera justificar ese temor. Pero no tiene que permanecer en el mundo sin riesgo solo porque alguien le causara tanto daño que no pueda imaginarse el aventurarse en las aguas donde pudiera volver a suceder. En realidad, puede ser que usted solo no logre lo que hace falta pero con un amigo sí pudiera. El compañerismo ha estado funcionando durante siglos como un equipo de dos personas que tratan de mantenerse a salvo una a la otra cuando están en territorio peligroso.

Una vez me sucedió algo terrible con alguien con quien formé equipo. Me abandonó y luego se rió de aquello casi hasta desfallecer. Sucedió cuando fui a bucear con algunos amigos en el barco de Henry Cloud. Había estado buceando desde que tenía cuarenta pero nunca me había sumergido frente a la costa de Newport Beach. Había una razón para ello: El agua es muy fría. Aprendí a bucear en Honduras, donde el agua tenía unos 30 grados Celsius en un día fresco. El agua en Newport Beach tenía entre diez y quince grados y llega a estar por encima de los 20 grados algunos pocos días en agosto o durante El Niño, así que me había resistido a las muchas invitaciones de Henry para bucear desde su barco.

Un día salimos y me sentía bastante audaz y listo para un día de titiritar y pasar frío. Me preparé y se me asignó a alguien que se suponía fuera mi compañero. Él tenía alrededor de la mitad de mi edad y se me había dicho que era un buceador experimentado. Necesitaba a alguien con experiencia, ya que pensaba que estaría en una situación de frío tal que pudiera perder el contacto con la realidad. Así que nos lanzamos a las aguas heladas. Para mi pesar, la visibilidad era solamente de un metro y medio y estaba más frío de lo que esperaba pero no quería parecer un debilucho y continué descendiendo.

Para hacer mayor mi temor mientras me hundía con mi demasiado fino traje de goma, mi compañero se perdió de vista. Traté de encontrarlo y todo lo que vi fueron aletas alejándose en las tinieblas. Me quedé sorprendido; estaba sin compañero. Comencé a mirar alrededor y encontré a Henry a quien apenas podía divisar. Entonces, *shrrrooomm*, mi pródigo compañero vino y entonces salió hacia las tinieblas en la otra dirección.

Esperé por su regreso y efectivamente, regresó. Cuando lo hizo, extendí mi mano y lo así, lo miré a los ojos, apunté hacia él y luego hacia mí y entonces hice coincidir mis dos dedos índices para indicar que él y yo habíamos sido seleccionados como compañeros. No hice los gestos adecuados bajo el agua que le indicaran que sus muy molestas acciones estaban destruyendo mi espiritualidad a más de diez metros bajo el nivel del mar. Nuestra nueva relación duró alrededor de dos minutos mientras nos dirigimos en la misma dirección. Nos dirigimos en la misma dirección hasta que "el señor aletas" salió como una flecha ante todos y se perdió de vista, dejándome tal y como me había sentido antes. Hice lo que tal vez usted tenga que hacer para comenzar a arriesgarse de nuevo.

Lo más seguro —o al menos lo más fácil— para mí de hacer estaba en la superficie pero ¿qué saldría de eso? Solamente oportunidades perdidas de contar historias más adelante y contar las más escalofriantes aventuras en las que había participado. Así que hice lo que tenía que hacer; conseguí un compañero diferente. Me quedé con Henry y su compañero hasta completar la zambullida. Nunca más conté con nadie con quien no valiera la pena contar. Hice lo que necesitaba para protegerme mientras seguía disfrutando de la vida. En Henry y su compañero, encontré los compañeros perfectos.

Si usted está tan fuera de su ámbito natural que piensa que nunca podrá correr riesgos nuevamente, necesita conseguir un compañero. Necesita encontrar a alguien que esté pasando lo que usted está pasando y lo vea desde el otro lado. Puede reforzar su confianza al confiar en la fortaleza de dos en vez de uno. Piense en alguien que conoce que pudiera ayudarlo yendo a una reunión con usted o incluso para una cita amorosa. Piense en distintas situaciones en que un amigo pudiera ayudarlo a vivir de nuevo y escríbalas. Si no conoce a nadie, pudiera encontrar a alguien por medio de su pastor o de un grupo de recuperación. Pudiera ser algo embarazoso pedir que alguien le ayude a salir de su ámbito natural pero el mundo en que usted va a vivir es digno del riesgo y también lo es la recompensa.

Pudiera ser algo embarazoso pedir que alguien le ayude a salir de su ámbito natural pero el mundo en que usted va a vivir es digno del riesgo y también lo es la recompensa.

Madeline y yo experimentamos esto hace pocos días en *Knotts*

Berry Farm. Fue el día antes de Acción de gracias y ella tenía el día libre. Después que hice en vivo un programa de *New Life Live* y grabé otro, salí de Knotts, determinado a montar tantas montañas rusas como me fuera posible. Madeline siempre ha tenido una relación amor-odio con esos aparatos, deseando a veces montarlos y otras veces abandonando el parque, esperando tener valor otro día. Una amiga de ella había estado en Knotts, y pienso que ella quería cerciorarse de que podía mantenerse firme ante su amiga. Mientras nos acercábamos a las montañas rusas, allí, delante de nosotros, estaba el reto supremo. Cuando Madeline lo vio, dijo que su estómago se vino abajo. Era el Acelerador.

El Acelerador estaba en su propia liga. Lo disparaba a usted del hangar a una velocidad de 120 kilómetros por hora en menos de dos segundos. *Botox* no podía acercarse a suavizar las líneas del rostro de esas pobres personas atadas en esos carros de perdición. Entonces, una vez que alcanza los 120, era literalmente lanzado hacia las nubes, daba una vuelta en la parte superior y luego recto hacia abajo, completando el viaje con unos pocos giros y vueltas de cabeza. Nos acercamos para mirar y decidimos que probaríamos con otros aparatos antes de que pudiéramos considerar el montarnos en este.

Nos montamos en algunas otras montañas rusas que se quedaban muy cortos ante el Acelerador. Entonces nos acercamos a la entrada y nos encaminamos hacia la fila. Había dos filas y nos pusimos en la más corta esperando salir de esto lo más rápido posible. Madeline había cambiado de un "ni lo piensen" a un "dispuesta a intentarlo". Yo estaba tan impresionado que, aunque estaba muy atemorizada, ella deseaba hacerlo. Creo que el derecho de alardear significaba algo para ella. Eso fue poco antes de que notáramos que, aunque nuestra fila era más corta, no se movía tan rápido como la otra. Cuando estuvimos más cerca, nos dimos cuenta de que estábamos en la fila que esperaba para montar en el carro delantero. Los ojos de Madeline se pusieron algo rojos en los bordes, como le suele suceder a ella pero dijo que quería permanecer en esa fila. Así que ahí nos quedamos.

Cuando nos tocó a nosotros, tomamos el asiento delantero en el carro delantero. Así que ahí estábamos, yendo del miedo de montar el aparato a montarlo en la fila delantera, temblando mientras esperábamos que nos impulsara por la pista. Miré a Madeline y de entre el miedo se veía una sonrisa de expectación pero yo podía decir que en realidad estaba preocupada.

Hicieron el conteo regresivo con luces y cuando se encendió la última luz, salimos disparados de nuestro puesto como por un cañón. Nunca había estado tan atemorizado en mi vida. Mis mejillas deben haber ido tan atrás como para taponar mis oídos, porque no recuerdo haber escuchado nada. Entonces, luego de alcanzar los 120 kilómetros por hora, subimos en línea recta. Me sentía como en la punta de la ojiva de un cohete. Luego vino la vuelta en la cima y recto hacia abajo. Pensé que me iba a caer pero mientras nos estabilizábamos al final de la caída, mis puños subieron, miré a Madeline y estaba resplandeciente.

Terminamos el resto de las vueltas con facilidad y entramos para detenernos suavemente, yo gritaba a voz en cuello: "¡Lo logramos! ¡Lo logramos! ¡Sí, lo logramos!" Entonces creo que ella dijo: "Papá", pidiendo que me controlara un poco mientras nos retirábamos del lugar de arrancada.

En realidad fue lo más aterrador que yo haya hecho y fue lo mismo para ella pero fue también el viaje más emocionante de mi vida. Ambos corrimos el riesgo y como resultado tenemos un vínculo. Nos relacionamos a esta gran altura de una manera que no lo hubiéramos hecho si nuestros pies hubieran permanecido sobre la tierra. Experimentamos entusiasmo y exaltación y hasta euforia provocada por la adrenalina porque nos arriesgamos a sentirnos fuera de control e hicimos el viaje de nuestra vida. Era demasiado para Madeline. Ella no tenía la experiencia de la vida que yo tengo. Ella no sabía cuán seguro era en realidad; ella no estaba consciente de todas las pruebas que siguen antes de que pueda echar a andar un viaje como este.

    Madeline fue la que realmente enfrentó sus temores, avanzando con valor en vez de sentarse cautivada por el miedo. Estaba muy satisfecho de que ella fuera de un "ni lo piensen" al carro delantero de la montaña rusa. En este caso, como en muchos otros, el riesgo condujo a una gran recompensa para ambos. Usamos el compañerismo para subirnos ambos en esa máquina que nos proporcionó una emoción de la que nunca dejaremos de hablar. Usted tiene que arriesgarse si quiere vivir a plenitud.

Riesgo con límites

    Mi historia con Madeline era arriesgada pero fue de riesgo razonable. No le dije que entramos a escondidas de noche al parque, entramos por la fuerza en el viaje y entonces lo hicimos sin supervisión, un cinturón de seguridad, o la barra que lo mantiene a uno en el asiento. Eso sería un riesgo disparatado. A veces usted puede pensar que todo riesgo es disparatado y eso no es cierto. Nadie le pide que usted salga hacia un peligro evidente, sino que salga con ciertas garantías. Si usted hace una catástrofe de cada riesgo, nunca asumirá los riesgos razonables. Solo usted puede establecer los límites entre lo razonable y lo disparatado. El viaje aéreo es una buena analogía. Si siente miedo de volar, no le recomendaría que se presente como voluntario para ser lanzado de un cañón la próxima vez que el circo venga a la ciudad. Eso, como yo lo veo, es un vuelo de alto riesgo, aun con una red muy fuerte. Sin embargo, le recomendaría que navegara por el cielo a más de ochocientos kilómetros por hora sin red, si está en un avión. Sé que es seguro porque miles y miles de vuelos despegan y aterrizan como se ha planeado. He visto las estadísticas que prueban que es mucho más peligroso viajar en automóvil que en avión. Sé que menos personas mueren o resultan heridas viajando en aviones que en automóviles. Así que hay un riesgo razonable que correr. Las fronteras y los límites que usted pone en aceptar riesgos pueden darle la libertad de aceptarlos sin temor sobrecogedor.

Si ha tenido una mala experiencia en una relación, el reunirse con alguien en un bar para solteros y esperar que no va a volver a tener una mala experiencia, es una gran insensatez. Este es un riesgo más allá del que debe tomar. Sin embargo, el pasar un rato con un grupo de solteros en un *Starbucks* para tomar café después del culto en la iglesia, presenta pocos riesgos, a no ser el de acabar sin lengua. Tal vez usted no haya establecido límites y fronteras en el pasado y por eso le ha sido difícil arriesgarse. Pero una vida de riesgos razonables pudiera ayudarlo a encontrar y vivir la vida que siempre ha estado buscando.

Si ha tenido una mala experiencia en una relación, el reunirse con alguien en un bar para solteros y esperar que no va a volver a tener una mala experiencia, es una gran insensatez.

Teodoro sabía

Una de mis citas favoritas de todos los tiempos es probable que usted la conozca. Es de un discurso de Teodoro Roosevelt. Sigue siendo uno de los más grandes discursos motivadores que se hayan escrito. He aquí cómo el se refirió al tema del riesgo y el escoger vivir una vida demasiado segura:

> El mérito es del hombre que está en realidad en la arena; cuyo rostro está enturbiado por el polvo y suda sangre; que se esfuerza con valentía; que comete errores y que no alcanza el objetivo una y otra vez; que conoce los grandes

entusiasmos, las grandes devociones, y se consume en una causa digna; quien en el mejor de los casos conoce a la larga el triunfo de grandes logros y quien, en el peor de los casos, si fracasa, al menos fracasa mientras se arriesga en gran manera, de modo que su lugar nunca estará con las almas desapasionadas y tímidas que no conocen ni la victoria ni la derrota.

Me gustan esas palabras y ellas me inspiran a seguir adelante a pesar de mis temores. Lo peor que puede ocurrirme es que pierda pero si pierdo, Dios está allí para mí, amándome como siempre me ama. Una de las razones por las que pudiera no estar dispuesto a arriesgarse tiene que ver con su concepto de Dios y de su amor. Su amor nos permite ir más allá de nuestros temores hasta el punto de fracasar una y otra vez. Si no estamos dispuestos a arriesgar y dispuestos a fracasar mientras aprendemos del fracaso, entonces pudiéramos tener un problema en la esfera de nuestra relación de amor con Dios.

"En el amor no hay temor, sino que el perfecto amor echa fuera el temor; porque el temor lleva en sí castigo. De donde el que teme, no ha sido perfeccionado en el amor" (1 Jn. 4:18). Si no tiene un carácter arriesgado, pudiera ser porque tiene un carácter sin amor. Su relación de amor con Dios pudiera estar arruinada. Pudiera estar tan atemorizado que Él lo castigue que no está dispuesto a salir y disfrutar su vida al vivirla a plenitud y usarla para servir a los demás. Si usted vive temiendo el castigo en vez de vivir confiando en el amor de Dios, no es de extrañar que usted no desee arriesgarse. Debe tener el amor de Dios, el Espíritu de Dios y el poder de Dios si quiere vencer sus temores y caminar hacia el riesgo en su vida.

"Porque no nos ha dado Dios espíritu de cobardía, sino de poder, de amor y de dominio propio" (2 Ti. 1:7). Si está viviendo en el temor, no está viviendo como Dios quiere; Él quiere que usted esté libre de temor. Él quiere ayudarlo a ir de su temor a una vida sin temor, dispuesto a enfrentar riesgos en su vida de modo que pueda sentir lo que puede llegar a ser la vida. Su amor es tan poderoso que, si usted se enfrenta a todo lo que le impide experimentar esto, puede sentir la seguridad que ha estado anhelando y tratando de crear en sus intentos de evitar los riesgos.

En el amor de Dios somos libres para amar y amar de nuevo. Somos libres para dar todo lo que hay en nosotros a otra persona, conocedores de que podemos experimentar el rechazo otra vez. En el amor de Dios podemos fracasar, porque sabemos que Él tomará ese fracaso y hará algo espectacular de él. Sabiendo eso, cedemos en la construcción de nuestras barreras protectoras y comenzamos a vivir la vida más libre y plenamente.

Si está agarrado muy fuerte a su camino, estoy escribiendo para animarlo a salir. Espero que usted pueda liberarse de eso y permitir que Dios lo guíe a algunas situaciones que le dan miedo pero para ustedes dos no presenta inconveniente alguno. Dios dijo: "No te desampararé, ni te dejaré" (He. 13:5). Le voy a pedir que se detenga ahora mismo y medite un momento sobre ese pasaje.

Dios nunca lo dejará. No hay nada que usted pueda hacer para escapar de Dios. Él nunca lo dejará. Dios siempre estará allí para usted. Dios es lo mejor que usted tiene a su favor. Dios lo ama y estará allí para ayudarlo a tomar las piezas y volverlas a poner en la forma de algo mucho más hermoso que el original. Dios lo creó y siempre estará allí para usted. Si Dios es por usted de esa manera, ¿quién podrá estar en contra suya y ganar? ¿Quién podrá hacerle daño si Dios siempre está allí esperando para levantarlo? Dios lo ama. Dios está allí para usted y no necesita temer del presente ni de lo que traiga el mañana.

Razones para arriesgarse

Hay muchas excusas que ha usado para sentirse seguro. Le han funcionado bien en su propósito de evitar los riesgos pero no han funcionado muy bien para vivir una gran vida. A fin de vivir una gran vida tiene que arriesgarse. No puede amar a menos que se arriesgue. Ni siquiera puede cuidar de alguien a menos que se arriesgue. Siempre hay la posibilidad de que usted sea rechazado cuando expone parte de su vida o toda su vida. No puede relacionarse sin correr riesgos. El amar, el cuidar y el relacionarse —esos elementos esenciales de la vida que le dan sentido y propósito— son grandes razones para arriesgarse. Tampoco puede servir sin arriesgarse. Pero cuando usted sirve, sirve a Cristo. Usted hace para Cristo lo que hace para otra persona. Vale la pena arriesgarse por eso aun cuando todo lo que haga reciba el rechazo y se lo arrojen en su cara. Cuando sirve y no recibe amor a cambio, sino que es rechazado, termina participando en los sufrimientos de Jesucristo. Tiene comunión con Cristo mediante el rechazo, ya que casi toda su vida estuvo llena de rechazos. Esa comunión con Cristo es un sanador eficaz que no puede experimentarse a menos que esté dispuesto a correr algunos riesgos.

Usted no puede hacer su mundo tan pequeño que esté libre de riesgos.

El poder sanador del riesgo

El riesgo es un sanador. Exige fe y confianza. Elimina una forma de vivir de autopreservación. La autopreservación y la protección pasa por alto el poder de Dios, ya que usted no puede ser sanado y seguir viviendo con su propio poder. Quienes son sanados viven por la gracia de Dios y en el poder de Dios. Cada vez que da un paso bajo el poder de Dios, usted sana un poco del temor que se desarrolló de su atormentado pasado. Tiene que confiar plenamente en Dios y andar en su poder antes de que sea sanada esa última parte de la enfermedad del alma. No puede permitirse ser sanado si está aguantando y tratando de protegerse de lo que no puede prevenirse, pruebas y tristezas. Las va a tener y cuando enfrenta el riesgo y se mueve hacia ellas bajo el poder de Dios en vez de defenderse de ellas bajo su propio poder, usted está escogiendo la sanidad.

El gran predicador Carlos Spurgeon dijo: "La ansiedad no vacía el mañana de sus tristezas sino que solo vacía el hoy de su fortaleza". Usted no puede conducir una vida sanada en la ansiedad. Le robará la fortaleza que necesita hoy. Le robará el mañana que usted nació para disfrutar.

La respuesta para aquellos que necesitan sanidad de una vida enemiga de tomar riesgos se encuentra en 1 Pedro 5:7: "echando toda vuestra ansiedad sobre él, porque él tiene cuidado de vosotros". Haga eso ahora mismo. Puede estar seguro de que Dios tiene cuidado de usted. Vale la pena correr el riesgo de decirle a Dios que le entrega todos sus temores y que está listo para que su vida se monte en el asiento delantero del primer carro, sanado en entusiasta anticipación de lo que pudiera estar cerca de la próxima curva.

"La paz os dejo, mi paz os doy; yo no os la doy como el mundo la da. No se turbe vuestro corazón, ni tenga miedo" (Jn. 14:27). Mi oración por usted es que sienta el amor sanador de Dios. Espero que escriba de qué tiene miedo. Escriba aquello a lo que se ha aferrado y lo que necesita hacer para entregar toda su vida a Dios. ¿Qué tiene que ocurrir para que pueda sentir la paz que Dios le ha dado y luego el valor para salir y vivir la vida aunque pueda sufrir otra vez?

La gran mentira
"Debo protegerme de más dolor".

Esta gran mentira es de veras grande. Le dice que tiene que protegerse de más dolor. Si ha tratado de vivir su vida de esa manera, tengo una pregunta para usted. ¿Cómo le va hasta ahora? ¿Qué tipo de vida es una vida de defensa, siempre buscando la próxima cosa mala que esquivar? Yo diría que eso no es vida en absoluto. Protéjase, sea un mayordomo prudente de lo que Dios le ha dado pero no permita que los temores y las dificultades le impidan seguir adelante. Usted va a ser herido y no puede hacer nada para impedirlo pero lo que *sí* puede hacer es confiar en Dios cada vez que sufra una herida. Confíe en que aunque no tiene el poder para protegerse, Él tiene el poder de convertir cada herida en algo que mejore quién es usted y que glorifique a Dios. Nunca se protegerá de todas las heridas pero se protegerá de perderse la vida que Dios quiere cuando toma la decisión de arriesgarse.

La sanidad es una elección. Es la elección de Dios pero muchas veces somos un obstáculo de lo que Dios quiere para nosotros. Nuestra obstinación a menudo nos impide que observemos la realidad de nuestra vida pero Dios nos llama a que tomemos decisiones que sanan. No hay decisión más difícil que la de arriesgarse. Me quito el sombrero ante todo aquel que tome esta decisión en este día. Las bendiciones de Dios estén sobre usted por su asombroso valor.

9

LA NOVENA ELECCIÓN:
La decisión de servir

LA NOVENA GRAN MENTIRA:
"Hasta que me sienta totalmente sano y fuerte, no hay lugar alguno para que yo sirva a Dios".

UN HOMBRE LLAMADO GEDEÓN

En el libro de Jueces hay una historia maravillosa que casi todo el mundo conoce. Es la historia de un hombre llamado Gedeón. Hay dos cosas muy conocidas en esta historia. Una es el uso del vellón para ver si Dios realmente estaba con él. Una noche él quiso que Dios mojara un vellón de lana mientras el suelo a su alrededor permanecía seco. La noche siguiente quiso que Dios mojara todo el terreno alrededor del vellón y que este permaneciera seco. Dios hizo tal como Gedeón había pedido y Gedeón supo que Dios estaba con él. Cuando oí esa historia como joven enamorado de Patricia que vivía calle abajo, repetí la petición de Gedeón. Puse una bola de algodón en el césped y le pedí a Dios que me mostrara si Patricia me amaba o no me amaba al dejar el algodón seco mientras el rocío lo rodeaba. Bueno, mi amor juvenil había sido un imposible, porque el algodón estaba tan mojado como el terreno a su alrededor. Por supuesto esto fue algo tonto pero las personas lo siguen haciendo, sin reconocer que el vellón fue una experiencia única diseñada solo para Gedeón. Al ver las posibilidades que enfrentó Gedeón, no hay dudas de que Dios le permitió estar seguro de que Él estaba con Gedeón.

La otra parte muy conocida de la historia de Gedeón es su gran victoria militar contra lo que parecía ser una ventaja insuperable. Si yo hubiera estado llevando a 300 hombres a una batalla contra una tropa de 135 000 hombres bien armados, habría deseado una señal directa de Dios de que estaba sin lugar a dudas conmigo y con mis hombres. Casi todos conocemos la historia del capítulo seis de Jueces, en la que los 135,000 estaban tan confundidos que comenzaron a luchar entre sí y se mataron unos a otros o huyeron de miedo a tierras remotas. Es una gran historia de un hombre que quería servir a Dios, no pensaba que era capaz, estaba lleno de dudas, necesitaba seguridad, avanzó de todas maneras y logró la victoria. Qué gran historia la de Dios obrando en la vida de una persona de modo poderoso.

Sin embargo, esa gran victoria no es para mí lo más sobresaliente de la historia. Tampoco es ese Dios que jugó el juego del vellón con Gedeón. Eso es interesante, pero no es la mejor parte de la historia para mí. La mejor parte de la historia para mí se encuentra en Jueces 6:11-16:

> Y vino el ángel de Jehová, y se sentó debajo de la encina que está en Ofra, la cual era de Joás abiezerita; y su hijo Gedeón estaba sacudiendo el trigo en el lagar, para esconderlo de los madianitas. Y el ángel de Jehová se le apareció, y le dijo: Jehová está contigo, varón esforzado y valiente.
>
> Y Gedeón le respondió: Ah, señor mío, si Jehová está con nosotros, ¿por qué nos ha sobrevenido todo esto? ¿Y dónde están todas sus maravillas, que nuestros padres nos han contado, diciendo: ¿No nos sacó Jehová de

Egipto? Y ahora Jehová nos ha desamparado, y nos ha entregado en mano de los madianitas.

Y mirándole Jehová, le dijo: Ve con esta tu fuerza, y salvarás a Israel de la mano de los madianitas. ¿No te envío yo?

Entonces le respondió: Ah, señor mío, ¿con qué salvaré yo a Israel? He aquí que mi familia es pobre en Manasés, y yo el menor en la casa de mi padre.

Jehová le dijo: Ciertamente yo estaré contigo, y derrotarás a los madianitas como a un solo hombre.

Cuando descubrí esta parte de la historia, tuvo mucho significado para mí. Aunque Gedeón hubiera sido un pésimo guerrero, aún me habría gustado mucho esta historia. Ella señala dos asombrosas cosas acerca de Dios. En primer lugar, Gedeón tenía sus dudas acerca de Dios debido a las circunstancias alrededor de él. Él y su pueblo no estaban teniendo una gran vida debido a los madianitas. Los madianitas estaban maltratando a los israelitas y Gedeón no estaba feliz con eso pero el maltrato era la consecuencia de que Israel había estado cometiendo maldades ante los ojos del Señor. Cuando Dios viene a Gedeón, él no era tan creyente. Él ha oído lo que Dios ha hecho en el pasado pero no ha visto nada como los milagros que libertaron a los israelitas de Egipto. Sin embargo, si hacemos lo que se le dijo a él y servimos a Dios en la forma que Dios necesita que lo sirvamos, formaremos parte de uno de los más grandes milagros de que se haya hablado alguna vez.

Ahora mismo, en medio de sus circunstancias difíciles, usted pudiera dudar de que Dios exista y de que participa en su vida. Pudiera sentir como si Dios ni viviera en el cielo ni tuviera cuidado de usted. Pudiera sentirse tan débil que no puede estar vinculado a un poderoso Dios que parece no estar haciendo nada en su vida. Pero al igual que Dios estuvo con Gedeón, aunque Gedeón no estaba conciente de Dios o no podía sentir la presencia de Dios, Dios está con usted y desea usarlo.

Eso pudiera parecer absurdo si usted afronta un divorcio o se recupera de uno. Si sigue luchando con algo que ocurrió en su niñez, pudiera no creer que Dios estaba en su favor entonces o está en su favor ahora, pero Dios está en su favor. Dios está con usted y va a tener que hacer algo que Gedeón hizo. Usted va a tener que confiar en Dios si quiere ser parte de un milagro que pudiera ser tan asombroso como el milagro de Gedeón y de 300 hombres derrotando a un ejército de 135,000.

Dios quiere que le sirva. Él ha escogido un propósito para su vida. Dios quiere que vaya en busca de ese propósito y sea un instrumento en sus manos para el bien de su reino. Dios lo va a tomar y lo va a usar aun cuando usted se levante y vaya con Él, pateando y llorando como un niño grande. Patee y llore pero avance hacia el lugar que Dios desea para usted. Dude de la presencia de Dios pero arriésguese a confiar en lo que no ve. En el apogeo de su dolor o de su abuso o de su descuido, pudiera no haber parecido que Dios estuviera allí o interviniera. De seguro sucedió así con Gedeón pero Dios estaba allí y tenía planes desde un principio de usar a Gedeón, así como Dios ha planeado desde un principio usarlo a usted, si se lo permite.

Esa historia de Gedeón significa mucho para mí debido a la respuesta de Gedeón en el versículo quince. Mírela detenidamente conmigo, porque a menudo se pasa por alto y es la parte más significativa de la historia. En ese versículo Gedeón señala que Dios lo llama a servir y a Gedeón eso le parece un gran error. Dios ha escogido a un hombre de una de las familias más pobres en todo Manasés. Eran los más pobres de entre los pobres y Dios decidió levantar un líder justo en medio de ese pueblo pobre y débil. Pero de todas las personas en esa familia, había uno que era más débil que todos los demás. Ese era Gedeón. Gedeón era el más débil de esta débil familia. Él era el más humilde de los humildes y Dios lo escogió para que sirviera como un poderoso guerrero.

Estoy seguro de que entiende lo que quiero decir. Dios no fue por toda la tierra para hallar el guerrero más experimentado para dar victoria a su pueblo. Él escogió al más humilde de los humildes. Él escogió a la persona menos probable para ganar la batalla. Fue como escoger a Moisés para que hablara al faraón de parte de Él. Moisés tenía un impedimento del habla pero Dios lo escogió como su voz. Él era un candidato poco probable para servir como la voz de Dios al igual que Gedeón lo era para servir como guerrero de Dios pero fue a quien Él escogió. Como Dios escogió a Gedeón en vez de escoger a algún gigante, Dios recibe toda la gloria por la victoria, mientras que Gedeón llega a ser parte de un milagro del que se sigue hablando y escribiendo miles de años después.

No hay excusas

Una de las cosas que aprendí temprano en mi vida es que no hay excusa suficientemente buena para dejar pasar la vida que Dios haya escogido para mí. La historia de Gedeón apoya ese punto. Gedeón era el último a escoger para tener éxito en una de las más grandes victorias de Dios. Así es como me veo a mí mismo, por lamentable que sea. No tengo un doctorado y con todo he logrado trabajar con algunos de los mejores. No me casé con la mujer que conocí en una escuela dominical y permanecí casado por el resto de mi vida, sin embargo trabajo con algunos hombres y mujeres que tienen los más sólidos matrimonios posibles. No estudié locución ni periodismo radial y sin embargo tengo un programa de radio que los administradores de estaciones dicen que atrae más oyentes a sus estaciones que cualquier otro programa. Me gustaría tener más puntos fuertes y quisiera que mi vida hubiera funcionado de una manera más perfecta pero no fue así. Dios me ha usado de todas maneras, a pesar de mí.

Hay muchísimas excusas que pudiéramos usar para quedarnos atrás y no servir a Dios. Cualquiera de ellas habría sido muy buena para que yo me mantuviera en mi ámbito natural pero ninguna de ellas habría sido buena para perderme lo mejor de Dios. Tan solo el hecho de que pagué para un aborto pudo haberme mantenido haciendo otra cosa y no predicando la verdad de Dios. A pesar de esa prueba terrible, Dios me ha permitido hablar en centros de crisis en el embarazo y ayudar a recaudar millones de dólares durante los últimos diez años. Qué bendición ha sido para mí ser usado de esa manera. Como fallé en tantas maneras, Dios recibe toda la gloria por cualquier cosa y por todo lo que haya resultado de mi vida que vale la pena mencionar. Así que, sin que importe lo que me suceda, si Dios puede usarme todavía, por muy embarazoso y humillante que sea, quiero ser usado por Él. Quiero lo mismo para usted.

Sin que importe lo que me suceda, si Dios puede usarme todavía, por muy embarazoso y humillante que sea, quiero ser usado por Él. Quiero lo mismo para usted.

¿Cuál es su excusa?

Si cree que la Biblia es verdadera, la historia de Gedeón debe tener un efecto en su vida. Si cree que Dios nos habla mediante su Palabra, seguramente cree que Él ha usado esta historia para ayudarle a vencer cualquier excusa que pudiera tener para no servirle. La historia de Gedeón es Dios hablándole a un hombre débil de una familia débil guiando a un ejército débil para vencer a un poderoso enemigo. ¿Cuál es su historia? Si un día se escribiera un Tercer Testamento y su historia estuviera allí, ¿qué diría? ¿Sería una gran historia de victoria ante los más grandes contrarios? ¿Sería una historia de cómo respondió a Dios y le sirvió aunque usted dudara y tuviera miedo? ¿Sería una historia de cómo rechazó toda excusa que le impidiera vivir su propósito y llamado de parte de Dios? Oro mientras escribo que al leer usted esto, decida quitar cualquier excusa de su vida que le impida servir a Dios.

¿Qué ha estado usando como excusa para no servir a Dios? ¿Es débil? Perfecto. Cuando la vida es cambiada y las personas transformadas, Dios obtendrá doble gloria del resultado porque Él lo usó a usted para efectuar el milagro. ¿Está herido? Perfecto. Cuando Dios usa una persona herida para sanar a otra persona, no solo recibirá la gloria por el resultado en la vida del enfermo, sino que Él también será glorificado cuando las personas ven cómo su ayuda a los demás comenzó un proceso de sanidad en usted. ¿No tiene talentos? Perfecto. Dios no necesita talento. Lo único que Dios necesita es disposición y Él toma esa disposición y teje con ella un milagro del que su familia pudiera estar hablando durante los años venideros.

Ahora mismo lo invito a que abandone sus excusas y sirva a Dios. Su situación pudiera no ser nada peor que la de Gedeón y su milagro lo será no menos si sigue hacia adelante y entra en el propósito de Dios para usted. Abandone cualquier excusa que lo mantiene estancado, concentrado en usted mismo. Reanude su vida y sirva. Cuando lo haga, se asombrará de la sanidad que llegará a su vida.

Cobrar vida

Siento decir que no sé quién es Harold Whitman. Pudiera ser el nieto de Walt Whitman, no lo sé pero fue citado en el número de julio-agosto de 2004 de la revista *Relevant* [Relevante]. Esta cita se extendía por toda la página y la arranqué para guardarla y presentársela a usted. Él dijo: "No se pregunte lo que el mundo necesita; pregúntese qué lo hace estar vivo y entonces vaya y haga eso, ya que el mundo necesita personas que han cobrado vida".

Cuando usted reanuda su vida y sirve, halla una vida nueva. Cobra vida de una manera que nunca soñó. Sus ojos destellan con el deleite de haber influido en los demás. Su alma se agita en expectación de que Dios lo use la próxima vez que esté en su servicio. Servir es una decisión de sanarse y vivir. Es el acto de salirse de sí mismo y entrar en otros. Es la evidencia que usted "obtiene" cuando se trata de entender cómo Dios obra. Él no obra por causa de su fortaleza, sino a pesar de nuestra debilidad. Él no espera a que estemos fuertes para ayudar al débil. Él nos toma en nuestras debilidades, nos relaciona con otras personas débiles y hace una obra poderosa para sanarlos mientras continúa sanándonos a nosotros.

¿Ha tomado cada decisión sanadora excepto la decisión de servir a Dios? De ser así, no está plenamente conciente de lo que puede ser su vida. Debería estar entusiasmado por esto. Si alguna vez ha estado tan aburrido y adormecido que se preguntó "¿Es esto todo lo que hay?", anímese. Eso no es todo lo que hay. Esta vida no es solo acerca de cuán lastimado se siente por lo mal que lo han tratado. Esta vida es acerca de cómo Dios usa a personas malas —que se sienten mal porque han sido tratadas mal— para hacer cosas buenas para Él. Todas las decisiones anteriores están allí para traerlo a usted a este punto, un lugar de servicio. Todas las decisiones son débiles y superficiales si no lo conducen a usted a este lugar y lo motivan para alcanzar a otros a fin de que hagan lo poco que usted puede. Lo único que pide es que dé a los demás un poquito de lo que Él le ha dado a usted.

Devolver

Servir es en realidad tan sencillo como devolver. Dios le da algo de dinero y espera que le devuelva algo. Muchas veces es lo poco que la persona pobre da lo que Dios usa de una manera más poderosa que la porción que viene de una persona rica. Sin embargo no es dinero lo que Dios quiere que le devolvamos. Sin duda, Él quiere que devolvamos algún dinero pero más importante es que Él quiere que devolvamos parte de nuestra vida.

El versículo supremo que expone este principio es 2 Corintios 1:4: "el cual nos consuela en todas nuestras tribulaciones, para que podamos también nosotros consolar a los que están en cualquier tribulación, por medio de la consolación con que nosotros somos consolados por Dios".

Ahora, usted pudiera estar pensando que aún no ha recibido suficiente consuelo. Usted puede decirse y decirle a Dios que desea servir pero esto no parece estar bien porque no se siente bien. Usted pudiera decirse esto hasta el día que usted muera. Le estoy ofreciendo una invitación personal para echar fuera esa excusa. Tome cualquier consuelo que Dios le haya dado y úselo. Si usted fue violado y se sobrepuso a ese infierno de ser la víctima del pecado de otra persona, use lo que aprendió acerca de la supervivencia y la recuperación para ayudar a otra persona que está pasando por un momento más difícil que el suyo. Tal vez no tenga mucho conocimiento acerca de eso pero hay quienes no tienen ninguno. Use lo poco que tiene para alcanzar a otros y ayudarlos.

PODERES SECRETOS

La mayor parte de lo que he presentado es el concepto de servir basados en nuestra debilidad o el usar nuestras heridas para sanar a otros. Ha sido acerca de Dios que no desperdicia nada, incluso sus heridas y traiciones, si está dispuesto a servirle. Ha sido sobre deshacerse de su propia obsesión sobre sus problemas y dar un paso hacia la vida dinámica de ayudar a otros y consolar a otros de la misma manera que usted ha sido consolado. Ha sido sobre el transformar su dolor en un nuevo propósito, permitiendo que su miseria se convierta en una nueva misión o ministerio. También ha sido sobre el crear algo bueno de algo malo que Satanás quiere usar para destruirnos. Ese tipo de servicio es importante y debiera animarnos a todos nosotros el hecho de que, sin que importe cuán débiles o quebrantados estemos, Dios tiene un lugar y un propósito para nosotros.

Hay otra clase de servicio al otro lado del espectro. Es no permitir a Dios tomar nuestras carencias y nuestros defectos y convertirlos en plataformas de servicio; es tomar nuestras fortalezas y ofrecerlas a Dios por el bien de su reino. Siempre ha sido fascinante para mí que Dios haya puesto evidencia sobrenatural de sí mismo en cada persona. Dentro de cada persona Dios ha puesto algunos poderes secretos que dan a las personas capacidades sobrenaturales para hacer las cosas mejor y de un modo más eficiente que otras. Cuando usted descubre eso acerca de sí mismo o incluso lo ve en los demás, es muy asombroso, sobre todo cuando es un poder que desconocía que tenía o estaba usando.

Justo el mes pasado descubrí que tenía dos habilidades sobrenaturales de las que no estaba conciente. He estado escribiendo acerca de los poderes secretos de Dios durante algún tiempo. Ayudé a desarrollar un proyecto para que mujeres jóvenes descubran esos poderes secretos. Así que usted pudiera pensar que yo ando por la vida conciente de mis fortalezas y dones que vinieron directamente de Dios. He aquí mis últimos descubrimientos y pudiera descubrir que usted tiene los mismos poderes.

El primero es un poder más bien raro y pequeño que me tuvieron que señalar. He estado teniendo reuniones en mi casa con la junta directiva de *New Life Ministries* [Ministerio Nueva vida]. Cuando ellos vienen, tengo la casa inmaculada, flores en jarrones sobre el mantel y preparo el desayuno. ¿Por qué hago esas cosas? Las hago de manera natural. Quiero que las personas se sientan bienvenidas y como en su casa. Esta es una manera pequeña de servir a las personas que amo, ya que como he descubierto, tengo el don de la hospitalidad. Es un poder secreto que Dios usa para su servicio.

Siempre he sido así. Cuando he tenido huéspedes para pasar la noche, he salido y comprado un pequeño jarro para poner agua en la cabecera de la cama y he puesto algunas confituras a un costado de la cama. Cuando son parejas las que han estado, me he asegurado de que tengan velas en el cuarto en caso de que deseen un pequeño romance durante las primeras horas de la noche. Me he asegurado de que sepan dónde están las toallas limpias y he tenido cuidado de los detalles de su estancia de modo que se puedan sentir en casa. Después de hacer eso durante años, tres personas en los últimos meses me han preguntado o hecho comentarios acerca de mi don de la hospitalidad.

Puede ser que para un hombre ese no sea el poder, la fortaleza o el don más deseado. Me alegro de que no sea lo único que Dios me ha dado pero es obvio al mirar atrás en mi vida que tengo ese don. Es un don que se ha usado en las iglesias para lograr que las personas se sientan cómodas en un ambiente que pudiera resultar un tanto desafiante. Algunos usan el don para crear un hogar para los que no tienen y hogares seguros para las personas violadas o maltratadas. Hay todo tipo de formas en que Dios usa este sencillo y pequeño don cuando se le dedica a Él. Usted pudiera pensar que tiene el don. ¿Alguna vez lo ha usado para Dios? ¿Ha dedicado alguna vez ese poder secreto y esa capacidad sobrenatural a su servicio? Si no es así, puede decidir hacer eso ahora mismo.

He usado ese don en algunas pequeñas maneras para hacer que las personas se sientan más cómodas en mi casa. He visto a otros usarlo de un modo formidable para ministrar a centenares de miles de personas. Mary Graham, la presidenta de *Mujeres de fe*, ha usado eso de un modo más eficiente que cualquiera a quien yo conozca. Me encanta ir a su casa en Frisco. En el momento en que usted entra, siente todo el amor que puede imaginar. Es un ambiente cordial y lo invita a desear quedarse por otra hora u otro mes. Si alguien tiene ese don, es Mary y lo muestra en su hogar pero también en su ministerio.

La he visto convertir un frío y cavernoso estadio deportivo en un hogar para miles de mujeres, porque ella tiene ese don. Debido a su estilo, tacto y encanto, la he visto usar ese poder sobrenatural desde la plataforma para hacer que veinte mil mujeres a la vez sientan como si ella le estuviera hablando a cada una de modo individual. El calor y la hospitalidad que muestra desde el escenario producen el mismo sentir cuando uno entra en su hogar. Es nada menos que milagroso cómo lo hace. Lo hace porque tiene un poder sobrenatural de Dios llamado el don de la hospitalidad.

Si no puede usted relacionarse con el don de la hospitalidad, no está solo. Es un don pequeño y raro que muchas personas simplemente no tienen pero que si usted estudia las Escrituras y examina su vida, encontrará que tiene otros dones de los que no está conciente. Cuando descubrí este don de la hospitalidad que había estado oculto por tanto tiempo, me preguntaba si había otro poder secreto escondido en mi interior. Hice un pequeño sondeo de mi vida que le pido haga usted también. Cuado lo hice, encontré un don por el cual estoy muy agradecido a Dios. Pero lamentablemente es un don que he usado muy poco. Planeo recuperar algún tiempo perdido ahora que sé que lo tengo.

Cuando se me pidió que hablara en Cumplidores de promesas en Winnipeg el año pasado e hice el llamado al altar, cientos de hombres vinieron al frente. Estaban llorando y confesando y tomando decisiones de entrega. Eran tantos que tuvimos que pedir a pastores que vinieran al frente y nos ayudaran. Cuando hablé de nuevo un viernes por la noche en Manitoba, ocurrió lo mismo. Cientos de hombres llenaron los pasillos y tuvimos que pedir ayuda a algunos pastores otra vez. Fue un derramamiento sobrenatural del Espíritu de Dios llevando a esos hombres a cambiar su vida. Él me había usado, al más pequeño de los pequeños, para ser parte de eso.

Luego, hace un par de semanas, fui el último orador en una de las conferencias de *New Life*. Al final pedí a quienes estaban allí que rindieran toda su vida o parte de ella. En cifras récord parecía que casi todo el mundo se levantaba y venía al frente a hacer una decisión por Cristo. Estaban comprometiéndose en Bensalem, Pensilvania, que su vida no volvería a ser igual.

El pastor de la iglesia vino y me dijo cuánto significaba ese momento para él. Entonces mi buen amigo Juan me dijo algo. Dijo que había regresado a su agencia y les había dicho que había asistido a la conferencia. Les dijo que me había visto ofrecer aquella invitación. Sus comentarios fueron: "Fue tan poderoso como las cosas que he visto hacer a Billy Graham". Él no estaba diciendo que yo era un predicador tan bueno como Billy Graham; solamente estaba comentando acerca del poder del momento cuando se pidió a las personas que respondieran y lo hicieron.

Hacía poco que había llevado a Madeline a escuchar a Billy Graham en Los Ángeles en una de sus últimas cruzadas. Al final vimos a las personas llenar el terreno al decidir cambiar su vida para siempre. Es obvio que Billy Graham tiene el don de evangelismo. Con el comentario de Juan, mis experiencias en Canadá, *New Life* y en la campaña de Billy Graham, comprendí a los cincuenta y un años que tenía el don de evangelismo y que rara vez lo usaba.

Esto no es jactancia en ningún sentido, porque este don sobrenatural no es algo que proviene de mí. No es algo por lo que me esforcé mucho. Es un don sobrenatural de Dios y estoy muy agradecido por tenerlo. El descubrirlo me ha lanzado con más profundidad en la sanidad, motivándome aún más a ser todo lo que puedo ser por Dios. El descubrir sus dones y poderes secretos hará lo mismo para usted.

¿Cuál es su poder secreto?

He escrito demasiado acerca de mis propios poderes secretos. Quiero que usted descubra los suyos. Usted tiene uno o dos de los que puede estar conciente o no. Estos dones están allí, listos para usarse en el servicio a Dios. Cuando usted los use, se sentirá completo y sanado. Se sentirá relacionado con Dios, ya que comprende que a menos que Él los hubiera puesto allí, nunca se habrían desarrollado dentro de usted. Son las cosas que para entenderlas no tiene que recibir una clase, aunque pueda haber estudiado cómo usarlas mejor. Son innatas, están dentro de su propia naturaleza. Usted puede tener uno o dos, o puede tener muchos pero si comienza a buscarlos, los encontrará.

Romanos 12 es un lugar en el que podemos aprender acerca de los dones espirituales que yo llamo poderes secretos. Aprendemos que algunas personas tienen un don para declarar la verdad de Dios de tal manera que otros se vuelvan de sus antiguos caminos y comiencen una vida nueva. Algunos son llamados a servir a los demás con toda su vida, como un asistente o un misionero o construyendo casas para los que no tienen. Pudiera tener el don de la enseñanza y ser capaz de organizar y presentar ideas de tal manera que las personas aprendan realmente la Palabra de Dios y sus principios. Pudiera ser un alentador y parecer que siempre tiene las palabras que animan a alguien o la capacidad de señalar lo mejor en las peores situaciones.

Están aquellos que tienen el don de dar. Son tan afortunados y tienen un corazón para otros que usan buena parte de su tiempo tratando de ver cómo dar a los demás. Es el supremo acto de servicio para ellos. Hay también el don de misericordia que lleva a una persona a ayudar a quienes se han herido a sí mismos. Sin culpar y juzgar, la persona con el don de misericordia ve los errores como parte de la vida y se mueve para ayudar a quienes están en problemas. Hay muchos dones y combinaciones exclusivas de dones.

Se bosquejan otros dones en 1 Corintios 12, como el don de dar consejos sabios y la capacidad sobrenatural de conocer lo que Dios diría a una persona. Hay el don de hablar en otro idioma y la capacidad de interpretar lo que se dijo. La sanidad es un don, así como la administración. El don del discernimiento es un don no muy común por medio del cual usted puede ver en el interior y tomar buenas decisiones basadas en más de lo que se presenta a simple vista. Cuando se usan todos estos dones, la iglesia se convierte en un lugar dinámico donde hay personas transformadas y se edifica el reino de Dios. Hay otros lugares fuera de la iglesia donde se pueden usar estos dones.

Para el doctor Roberto del Junco, la sanidad es de veras una elección. Es una elección que él toma para sanar a otros. Él usas sus dones para sanar y pide a otros médicos que hagan lo mismo. Hace poco él y otros seis cirujanos y ochenta empleados del hospital trabajaron juntos para realizar cirugía de treinta y un niños en el Condado de Orange, California, en el Hospital St. Joseph. Esos eran niños que necesitaban la ayuda pero que habían caído en las grietas del sistema de cuidado de salud. No tenían dinero ni seguro, de modo que el doctor del Junco organizó el sábado de sanidad tal y como había hecho en el norte de California los últimos tres años. Él es un ejemplo de cómo nuestra decisión de sanarnos pudiera no siempre concentrarse en nosotros mismos. Pudiéramos hallar la manera de salirnos de nosotros mismos, usar los dones que se nos ha dado y optar por sanar a otros.[1]

Sométase a una inspección

Tal vez es tiempo de que se someta a una inspección. Quizás ha sentido como algo que lo golpea suavemente aquí o allá y que le hace pensar que podría hacer más o que debería hacer más. Tal vez nunca ha dedicado un tiempo para examinar su vida y este es el momento de hacerlo. Si lo hace, pudiera encontrarse con algunas esferas de talentos, habilidades y dones que pudieran beneficiar a los demás. He aquí una guía para que comience a pensar en lo que pudiera tener que puede usarse para servir a otras personas:

1. ¿Tiene usted un talento que es llamativo para otros, tal como no ser el mejor pianista del mundo pero estar dispuesto a enseñar a otros cómo tocar el piano? ¿O reconocer que usted es el mejor pianista del mundo y enseñar a otros a tocar el piano?
2. ¿Tiene algún punto fuerte que sobresale? Pudiera ser capaz de dar cuenta de las cosas, presupuestar mejor, o incluso entrenar a las personas para estar en forma. Cualquiera que sea ese punto fuerte, usted lo puede usar para ayudar a otros a desarrollar esa misma capacidad.
3. ¿Tiene algún interés único? Pudiera ser un astrónomo aficionado y pudiera introducir a otros en el mundo exterior.
4. ¿Tiene un rasgo de la personalidad que sobresale? Pudiera ser una persona capaz de escuchar mejor que cualquier otra. Pudiera ser alguien a quien las personas acuden por consejo. Todo lo que necesita es un lugar para ofrecerse como voluntario y puede usar su talento para conducir a otros a tomar buenas decisiones y no abandonar la esperanza.
5. ¿Hay algo que puede hacer que es sobresaliente? Aun

cuando sea el cultivar la calabaza más grande del mundo, este hecho destacado puede utilizarse para animar y enseñar a otros.
6. ¿Hay un deseo de hacer algo que ha permanecido con usted durante años? Puede que siempre haya deseado trabajar con los niños de los barrios pobres, o con niños cuyos padres han muerto de SIDA. Esto pudiera revelar que hay una capacidad en usted que nunca ha desarrollado o utilizado. Cuando usted ve a las personas haciendo algunas cosas para los demás, como el construir casas para los desamparados, ¿reacciona de manera diferente que ante otros actos caritativos? ¿Ha deseado unirse pero solo no supo cómo participar?
7. ¿Tiene más de algo que la mayoría de las personas? Podría ser dinero, tiempo, paciencia, o incluso una colección de cosas valiosas. Esas pudieran ser el resultado de habilidades y talentos especiales que pudiera contarles a otros.
8. ¿Hay un aspecto de su vida que piensa que está desaprovechado? ¿Hay algo que puede hacer pero no le parece que alguien pudiera sacar provecho de ello?
9. ¿Hay alguna persona en su vida que continúa pidiéndole que se una para ayudar a otros porque usted tiene la pericia o recursos que ellos podrían usar?
10. ¿Ha experimentado algo que sería devastador para otros? ¿Ha logrado sobreponerse y tiene sabiduría que pudiera contar para ayudar a otros a pasar por lo mismo de mejor manera?

Todos esos pudieran ser indicadores de que usted tiene algunos dones y talentos especiales que pudieran usarse para ayudar a otros, sanar a otros y sanarse a sí mismo. Todos o unos pocos pudieran estar apuntando a su necesidad de dar el paso al frente y por fin usar lo que tiene para ayudar a otros. Pídale a Dios que le hable y le dé un empujoncito para servir y luego el valor para continuar con ese impulso y hacer algo al respecto. Si no hace nada más, una llamada telefónica a su pastor pudiera situarlo en el camino del servicio. Pregunte a su pastor cómo podría usar lo que tiene para alcanzar a otros. Esto podría traer sanidad a muchas personas, entre ellas usted.

Cómo darle sentido a todo eso

Cuando usted piensa en el pasado de su vida, pudiera parecer como el sonido de piezas fragmentadas que se mantienen unidas por una delgada cuerda de su conciencia. A no ser que sepa lo que ocurrió en su vida, pudiera hallar que es difícil darle sentido a todo eso. Usted ve el dolor y la angustia, y aun siente el aguijonazo hasta cierto punto. Vivió en medio de dificultades que otros provocaron o que usted mismo provocó. Incluso sabe los dones y las fortalezas que tiene pero cuando mira atrás, no tiene sentido alguno para usted. No hay razón alguna para nada de eso. Le falta una comprensión unificadora del por qué todas estas piezas fragmentadas se mantienen unidas en su vida. De ser así, la decisión de servir pudiera ser para usted la elección que ensamble cada una de estas partes.

Vagamos por este mundo con nuestra colección de virtudes y debilidades, haciendo las cosas lo mejor que podemos para sobrevivir. Todo parece estar carente de significado a menos que lo hayamos puesto en las manos de Dios para su uso. Cuando entregamos nuestra vida al servicio de los demás, tomamos todo lo que tenemos y comenzamos a usarlo para algo mucho mayor que nuestras propias vidas tan pequeñas. Entonces tiene sentido. Entonces vemos la mano de Dios en eso y tomamos su mano y le permitimos que nos guíe a una vida de propósito.

Es la vida desinteresada y la perspectiva que se centra en otros la que logra ensamblar las partes. Romanos 15:2 nos recuerda que se nos llama a servir a los demás: "Cada uno de nosotros tiene que buscar lo bueno de las personas que nos rodean, preguntándonos: '¿Cómo puedo ayudar?'" (*El mensaje*). Usted no está de veras sanado hasta que esté usando lo que tiene para sanar a otros.

Alcohólicos Anónimos se ha concentrado en eso desde un principio. AA toma a un borracho obsesionado consigo mismo, quien solo se interesa en el próximo trago o en el próximo momento de cierto alivio y ayuda en la total transformación de esa persona. La transformación de una persona que no ve nada incorrecto en mentir y ocultar las mentiras, en una persona que solo desea hacer lo correcto y vivir con sincera humildad, es una transformación total y milagrosa. Sin embargo, no termina allí. La transformación se completa solamente cuando el alcohólico en proceso de recuperación se halla en el decimosegundo paso y lleva el mensaje a los demás. Nadie en AA daría ese paso a menos que sintiera que había experimentado algo digno de contar y que tuviera el deseo de usar su propia situación difícil para aliviar la angustia de otra persona.

Lo mismo puede decirse de todos los que hemos sido salvos por el sacrificio de Jesucristo. Después de esforzarnos por ser lo bastante buenos, hallamos gran consuelo al saber que no tenemos que serlo porque Jesucristo ha pagado el precio. Tenemos conocimiento de salvación de vida eterna que vale la pena contar. Servimos a los demás cuando respondemos a la Gran Comisión que Cristo nos dio para que digamos la verdad a otros en todo el mundo. Si verdaderamente comprendemos el don que hemos recibido, desearemos servir al comunicarlo.

Usted tiene un conocimiento que puede cambiar la vida de otros si llega a ser parte del servicio humilde de comunicárselo. Pudiera ser el descubrimiento de cómo sobrevivir a un divorcio. Usted incluso ha descubierto como mantener unido el matrimonio porque el suyo se hizo pedazos. Usted pudiera haber aprendido a perdonarse a sí mismo después de una vida de tremendos errores. Pudiera haber un don sobrenatural que ha aprendido a usar de una manera excepcional. Usted pudiera haber descubierto cómo salir del temor al valor, o del enojo al perdón. Si siente latir su corazón, hay algo que ha experimentado o aprendido que beneficiaría a otro si usted optara por entregar su vida a servir a los demás.

La vida de servicio es la mejor. Es la vida a la que Dios lo ha llamado. Es la vida que Cristo mostró cuando estuvo en la tierra. No permita que este mundo siga su marcha mientras usted permanece sentado en un sillón, matando el tiempo y destruyendo su oportunidad de vivir verdaderamente. En este momento usted puede comenzar a encontrar esa vida al tomar la decisión de servir. Dígale a Dios que desde este día todo cambiará. Haga el compromiso de usar lo que tiene para alcanzar a otros y luego encuentre un lugar donde Dios pueda usarlo. Si no tiene una buena idea sobre cómo servir, use la idea de alguna otra persona.

A menudo voy a la Iglesia Saddleback, pastoreada por Rick Warren y me asombran los ministerios de servicio que han salido de esa iglesia. Si alguien se acerca a Rick y le dice que es necesario ayudar a las madres solteras con el cambio del aceite y la reparación del auto, Rick lo anima a iniciar ese ministerio. Un hombre decidió que la mayoría de los tenis que se desechaban todavía podían usarse unos cuantos años, así que comenzó a recogerlos y llevarlos a México para darlos a los que no tenían zapatos. Ministerios para desamparados, ancianos, hombres, mujeres y niños con necesidades especiales han surgido de una actitud de "comparta su vida al servir a los demás".

La gran mentira
"Hasta que me sienta totalmente sano y fuerte, no hay lugar alguno para que yo sirva a Dios".

Cuando estuve trabajando en los centros de tratamiento de personas que usan alcohol y drogas, era un caso frecuente que algunos se sintieran totalmente sin esperanza un mes y después se sintieran tan bien que sabían que estaban llamados a ser consejeros acerca del alcohol y de las drogas. En vez de trabajar por su propia sanidad, se ponían a trabajar prematuramente con otros. No sabían que lo que estaban haciendo era perjudicial y era una forma de no mirar su propio problema. Algunos lo tomaron con tanta seriedad que hasta dejaron sus trabajos y comenzaron a entrenar antes de que el polvo se sedimentara sobre su vicio de alcohol o de drogas. Por lo general no duraron mucho. Muchas veces recaían en su adicción, porque comenzaron a trabajar con otros y dejaron de trabajar con ellos mismos. Nadie puede en tan corto tiempo participar en la ayuda a los demás.

De igual modo, tampoco nadie debiera esperar demasiado tiempo para ayudar a los demás. Así que en vez de tratar de convertirse en un consejero instantáneo del abuso del alcohol, pudiera ayudar yendo a una reunión temprano y hacer el café. Puede que no esté listo par ayudar a otros sobrevivientes de cáncer pero puede colocar carteles que anuncien a otros la próxima reunión. Puede que no esté listo para levantarse de la cama para llevar a alguien a una cita con el médico pero pudiera llamar para alentar a esa persona. Ayudar demasiado pronto produce una atención poco saludable sobre otros y la quita de sobre usted pero esperar para decidir servir pudiera privarlo de experimentar las etapas finales de la sanidad.

Satanás es su enemigo y él no quiere que usted sane. De seguro que no quiere que usted ande ayudando en la edificación del reino del Dios contra el que se rebeló. Él lo atrapará en la mentira de que no está listo. Si lo logra, usted nunca estará listo y nunca se sentirá listo y nunca hará algo útil o desinteresado con su vida. Él lo hará creer: "Hasta que me sienta totalmente sano y fuerte, no hay lugar alguno para que yo sirva a Dios".

Él añadirá algunas mentiritas a esa gran mentira también. Le hará creer de todas maneras que usted no tiene que dar. Si usted cree que sus dones y talentos no son lo suficientemente fuertes o suficientemente buenos, entonces Satanás lo tiene justo donde él quiere. Si cree que los errores que cometió lo descalifican para ayudar a otros que los han cometido o para ayudar en la prevención de esos mismos errores, entonces su vida estancada glorificará a Satanás.

No escuche las mentiras que le roban su vida. Tome la decisión sanadora de extender la mano y descubra cómo puede Dios usarlo para servir a otras personas.

Servir a Cristo mismo

En el capítulo veinticinco de Mateo hay un pasaje fascinante que expresa el corazón de Dios cuando se trata del tema del servicio y del uso de lo que tenemos para hacer lo mejor que podamos. Si lee todo el capítulo, ve de manera evidente que Dios espera que los que hayan recibido muchos talentos los usen. Dios también espera que los que no han recibido tantos, usen lo que tienen. Él espera que nosotros usemos lo que tenemos en la mejor forma posible. Cristo planteó la importancia de lo que hacemos y el significado escondido detrás de nuestros actos de servicio:

> Cuando el Hijo del Hombre venga en su gloria, y todos los santos ángeles con él, entonces se sentará en su trono de gloria, y serán reunidas delante de él todas las naciones; y apartará los unos de los otros, como aparta el pastor las ovejas de los cabritos.

LA DECISIÓN DE SERVIR

Y pondrá las ovejas a su derecha, y los cabritos a su izquierda.

Entonces el Rey dirá a los de su derecha: Venid, benditos de mi Padre, heredad el reino preparado para vosotros desde la fundación del mundo.

Porque tuve hambre, y me disteis de comer; tuve sed, y me disteis de beber; fui forastero, y me recogisteis; estuve desnudo, y me cubristeis; enfermo, y me visitasteis; en la cárcel, y vinisteis a mí.

Entonces los justos le responderán diciendo: Señor, ¿cuándo te vimos hambriento, y te sustentamos, o sediento, y te dimos de beber? ¿Y cuándo te vimos forastero, y te recogimos, o desnudo, y te cubrimos? ¿O cuándo te vimos enfermo, o en la cárcel, y vinimos a ti?

Y respondiendo el Rey, les dirá: De cierto os digo que en cuanto lo hicisteis a uno de estos mis hermanos más pequeños, a mí lo hicisteis.

Entonces dirá también a los de la izquierda: Apartaos de mí, malditos, al fuego eterno preparado para el diablo y sus ángeles. Porque tuve hambre, y no me disteis de comer; tuve sed, y no me disteis de beber; fui forastero, y no me recogisteis; estuve desnudo, y no me cubristeis; enfermo, y en la cárcel, y no me visitasteis.

Entonces también ellos le responderán diciendo: Señor, ¿cuándo te vimos hambriento, sediento, forastero, desnudo, enfermo, o en la cárcel, y no te servimos?

Entonces les responderá diciendo: De cierto os digo que en cuanto no lo hicisteis a uno de estos más pequeños, tampoco a mí lo hicisteis.

E irán éstos al castigo eterno, y los justos a la vida eterna. (Mt. 25:31-46)

Pienso que es obvio que tenemos que estar en el rebaño de

ovejas al final de este pasaje, en lugar de en el rebaño de los cabritos. Nuestros actos de servicio significan algo para Cristo. Cuando en verdad apreciamos su humilde don de la vida, somos motivados a salir en humildad y servir a los demás. Cuando salimos de nuestra vida y la compartimos, estamos sirviendo a Cristo. Cuando satisfacemos la necesidad de un extranjero que se esfuerza por abrirse camino y que para la mayoría en este mundo tiene muy poco valor, estamos en realidad sirviendo a Cristo. Retener su vida y no servir a los demás es lo mismo que negarse a darle a Cristo una copa de agua cuando Él llevaba su cruz hasta el Gólgota para morir por usted.

La sanidad es una elección. Es la elección de Dios. Pero podemos ser un obstáculo para la sanidad si no usamos lo que tenemos para servir a los demás. Dios nos llama a servir. Él envía una profunda sanidad a nuestras almas cuando salimos de nuestra senda y nos movemos para ayudar a otros en humilde servicio. Él desea que nuestra vida enfrente inconvenientes por causa de otros. Él desea que nuestros días estén atestados de personas abandonadas que puedan usar nuestros dones. Él desea que salgamos prescindiendo de cosas para que otros puedan tener. Dios está interesado en que compartamos nuestra vida en humilde servicio. Al hacerlo, descubriremos por qué estamos aquí. Encontraremos realización cuando vivamos ese llamamiento y propósito.

10

La décima elección:
La decisión de perseverar

La décima gran mentira:
"No me queda ninguna esperanza".

Cuando se demora la sanidad

La sanidad es la elección de Dios y la hora de esa elección y el método de esa sanidad son también de Él. Cuando estamos luchando con algo o tenemos algún defecto o alguna enfermedad importante, queremos que Dios escoja el "ahora" como la hora y el "instantáneo y fácil" como el método. Es natural y humano desear el ser sanado en el momento. Lo queremos no solo para librarnos de lo que nos esté hiriendo, sino también para tener prueba de que somos especiales ante los ojos de Dios. Sabríamos más allá de toda sombra de duda que Él nos ama, nos cuida y está íntimamente ligado a nuestra vida. Sin embargo, el tipo de sanidad instantánea no llega a menudo y cuando llega se le llama milagro. Si sucediera frecuentemente, no se le llamaría milagro. Se le llamaría un "suceso cotidiano". Todos queremos un milagro instantáneo y ni siquiera tenemos que sentirnos mal para pedir uno.

La realidad para muchos que tienen deformidades físicas, defectos de nacimiento y graves enfermedades es que su sanidad no va a ser instantánea. Lo más probable es que su sanidad va a tener que esperar hasta llegar al cielo. Si viniera antes de eso, será de veras un milagro. Si usted está en una de esas situaciones, espere en Dios y ore por la sanidad física. Mientras ora, esté consciente de que Dios ha optado por no intervenir en la historia y realizar muchos milagros. Él sigue haciéndolo pero no a menudo, así que ore por el milagro pero sea realista en cuanto a sus expectativas o se desilusionará para toda su vida en vez de hallar aspectos en los que pueda sentirse agradecido.

Hablé con una señora que había sido ciega la mayor parte de su vida. Ella había orado durante años pidiéndole a Dios que escogiera hacer un milagro y restaurarle su vista; aquellos que la amaban habían orado de la misma manera. Entonces un domingo en la iglesia todo cambió; las luces comenzaron a retornar y su vista comenzó a regresar. Por la noche podía ver de nuevo. La mujer ciega no podía ver el domingo pero antes del jueves de la misma semana tenía una licencia de conducir.

Eso fue un milagro pero no sabemos qué clase de milagro fue. Pudo haber sido la intervención directa de Dios o pudo haber sido el resultado de un proceso natural de sanidad que había estado ocurriendo durante años. Pudiera incluso haber sido un golpe accidental de la cabeza que sacudió un nervio o receptor de luz, o un cambio hormonal y un cambio químico en el cuerpo que cambió su vista. Cualquiera que fuera el método, el resultado fue un milagro.

No sé por qué Dios escoge una sanidad milagrosa para alguien como ella y no la escoge para alguien como usted. Usted pudiera ser como yo y tener que enfrentar los sentimientos de abandono cuando no ocurrió su milagro. Yo quería que mi matrimonio experimentara una milagrosa transformación. Había hablado con centenares de parejas que están viviendo felices desde entonces debido a un importante progreso y una restauración sobrenatural. Yo quería eso para nosotros. Yo lo quería pero no me quedé sentado y esperé que Dios lo enviara. Yo estaba en terapia para mí mismo, estaba en grupos de apoyo con otros hombres y estábamos en la consejería matrimonial. Nunca ocurrió el milagro.

> *No sé por qué Dios escoge una sanidad milagrosa para alguien como ella y no la escoge para alguien como usted. Usted pudiera ser como yo y tener que enfrentar los sentimientos de abandono cuando no ocurrió su milagro.*

El milagro del alma

Muchos de nosotros quedamos con cuerpos maltrechos, relaciones quebrantadas y futuros arruinados. Oramos y oramos y nada cambia para indicar que Dios está obrando. Y en la lucha y el dolor, Dios nos pide que no nos demos por vencidos y que perseveremos a pesar de todo. Esa fue la senda que tomó Jaime Hall cuando a los cuarenta años su vida dio un repentino y tenebroso cambio. A Jaime se le diagnosticó diabetes, asma e hipertensión arterial. Era el cuadro de una salud pobre y deteriorada. A medida que las cosas se ponían peor para él, sufrió una lesión en la cabeza que lo dejó con trastornos en la visión. Como si esto no fuera suficiente, su sistema inmunológico desarrolló una deficiencia que causó repetidas infecciones virales y bacteriales que lo dejaron con enfermedades permanentes. Quedó tan enfermo que no podía trabajar ni manejar. Casi todo en su vida cambió para lo peor.

Cuando Jaime cuenta la historia, habla de algunos amigos que le fueron de aliento. Ellos esperaban lo mejor y oraron por lo mejor pero estaban preparados para lo peor. Él también tuvo algunos amigos que le fueron muy molestos y produjeron mucho desaliento. Decían cosas como estas:

- "Eres peor que un infiel porque no puedes trabajar".
(Me resulta asombroso que Jaime llamara amigo a cualquiera que dijera algo por el estilo. Los amigos no hablan de ese modo a las personas enfermas. Ni lo hacen quienes viven y andan en el Espíritu.)

- "Tienes grandes pecados no confesados".
(Aunque la Biblia es muy específica acerca de que ese no es siempre el caso, esta idea se les lanza muchas veces a las personas. Cuando a Jesús se le presentó a un hombre ciego y se le preguntó quién había pecado para causar la ceguera, Jesús fue muy claro de que la ceguera no era el resultado del pecado de nadie. La ceguera estaba allí para que el mundo pudiera ver lo que un Dios poderoso podía hacer con la ceguera.)

Los "amigos" de Jaime lo reprendían por no repetir suficientes pasajes de las Escrituras en voz alta y por no hacer ninguno de los otros procedimientos establecidos que se suponen que produzcan una sanidad instantánea. Fueron en realidad hirientes, e hicieron que la lucha de Jaime fuera mucho más difícil de lo que debía ser. Debido a su severidad, la sanidad que se produjo en Jaime fue mucho más profunda y pura. La sanidad que experimentó no fue solamente en su cuerpo, sino también en su alma.

Después de años de lucha, sin nunca rendirse, siempre anhelando un día más, Jaime dijo: "He aprendido que Dios es siempre fiel y está dispuesto a ayudar en las horas más sombrías". Sé que lo que es cierto para Jaime es cierto para usted y para mí. Dios es siempre fiel y por muy difícil que sea la circunstancia, Él desea que nosotros esperemos un día más y perseveremos en medio del dolor, a pesar de todo.

Solo un día más

Hoy estaba en Bensalem, Pensilvania, hablando con el doctor Henry Cloud, el doctor John Townsend y el doctor Jill Hubbard. Tuvimos una conferencia muy conmovedora con muchas personas que hicieron el compromiso de cambiar su vida y rendir partes de su vida que antes se habían negado a rendir. Al finalizar nuestro tiempo, cientos de personas caminaron por los pasillos para representar de manera simbólica que esto iba a ser el comienzo de una nueva vida para ellos. Yo estaba llorando mientras veía a las personas tomar la decisión sanadora de levantarse de sus asientos y hacer una declaración pública de que su vida no volvería a ser igual. Para muchos este fue el comienzo de una vida nueva.

Cuando todo terminó, una fila de personas vino para conversar conmigo. Hubo muchas historias conmovedoras y expresiones de gratitud. Yo estaba muy contento de que mi vuelo me permitió quedarme y relacionarme con las personas.

Una mujer se acercó con su novio para hablar conmigo. Parecían una pareja feliz bien relacionada e interesada en las mismas cosas y muchas de esas cosas eran espirituales. Me dijo que una vez había llegado a un punto en su vida donde sintió que ya no podía seguir. Estaba deprimida y sola y sintió que no podría soportar más su condición tan miserable. Se puso un frasco de pastillas en la boca pero antes de tragarlas encendió el radio una última vez. Nuestro programa se estaba transmitiendo y me escuchó dar nuestro número telefónico, pidiendo a las personas que llamaran si necesitaban ayuda. Al escuchar el número, sintió que era una intervención divina, bajó el frasco con las pastillas, tomó el teléfono e hizo la llamada.

La consejera que respondió al teléfono era encantadora y bondadosa y tenía las palabras acertadas para la desesperación que ella sentía. Le pidió que no se quitara la vida aquella noche. Le pidió que esperara un día más para ver lo que podría traer aquel día. Esta mujer sabía que no podría lograrlo durante toda esa noche y permitió que la consejera llamara por ayuda. En realidad la consejera tenía a otra persona que ayudaba mientras ella seguía en el teléfono hasta que llegara la ayuda. La mujer fue ingresada en un hospital, se le dio medicamento y hoy está viva gracias a que esperó un día más. De eso se trata la perseverancia; es esperar solo un día más.

La más difícil decisión

Usted pudiera haber agotado todos sus recursos. Pudiera estar viviendo en una profunda y oscura caverna de desesperación sin que parezca haber una salida. El futuro pudiera parecer algo imposible de alcanzar pero lo único que tiene que hacer para llegar allí es tomar una última decisión, la decisión de perseverar. Pudiera estar listo para rendirse porque ya ha intentado todas las opciones, pero nada ha cambiado. Pudiera sentirse sin vida y estancado porque le parece ser la excepción de toda regla. Lo que otras personas intentan no parece funcionar en su caso. Usted pensaba que estaba relacionado, sintiendo y afligiéndose, pero sigue en medio de su vida estancada. Si hay una vida nueva para usted, no es capaz de encontrarla. Si ese es usted, tiene una decisión más que tomar y es la decisión de perseverar.

Esperar nunca es agradable pero lo protege de un final confuso y prematuro que lanza turbulencia sobre todos los que sienten que están cerca de usted. Hay algunas razones muy importantes para esperar cuando piensa que no puede hacerlo. La razón más importante es que Dios lo ama mucho y desea lo mejor posible para usted. Usted es una persona valiosa para Él y Él quiere que persevere. Para Dios, un día es digno de mil años. Piense en eso.

El Creador del tiempo infinito, que tiene todo el tiempo en el mundo, valora cada minuto del tiempo que usted siga viviendo.

A veces pensamos con limitaciones; pensamos desde el punto de vista de lo que hay ante nosotros en la tierra. Solo podemos entender lo tangible pero hay algunas dimensiones intangibles del tiempo de las que no estamos conscientes. De algún modo la influencia de una persona que sigue viva por un día más tiene un valor eterno que iguala a mil años. No sé cómo funciona esto pero lo creo, porque la Palabra de Dios lo dice.

Por la misma razón, si termina con su vida demasiado pronto, un día puede tener el efecto de mil años negativos y destructivos. Hay muchas cosas que no entendemos a perfección y el tiempo es una de ellas. Es una compleja dimensión que nunca debemos subestimar. Usted tiene una última decisión que tomar: La decisión de esperar y no acudir a la cosa fácil de quitarse la vida. Hoy no debe ser el día en que usted renuncie al tiempo que se le ha asignado. En medio de la desesperación y la desesperanza, puede decidir dar a su vida un día más.

Usted puede tomar esa decisión que impedirá que su tiempo finalice de manera prematura. Puede llegar a esta decisión final que pudiera ser la primera decisión que sanará su vida. Ya sea la primera o la final, es sin duda la más difícil, ya que se toma en los momentos de gran desesperanza. Tómela ahora mismo, sin que importe cuán difícil sea.

El valor de la vida

Otra razón para esperar es el alto valor que Dios da a todo en la vida, en especial a su vida. Formidables y maravillosas son sus obras, según el Salmo 139:14. Su vida es una maravilla y tiene un gran sentido y valor que Dios le ha dado. Cualquier sentimiento aparte de esto lo pone en usted el maligno. Juan 10:10 presenta con toda claridad lo que Satanás le ha hecho y lo que Cristo quiere hacer por usted: "El ladrón no viene sino para hurtar y matar y destruir; yo he venido para que tengan vida, y para que la tengan en abundancia". Leo que eso significa:

> Usted se está sintiendo muy mal en lo relacionado con su vida, todo lo que le ha sucedido y todos los problemas en los que se encuentra ahora, porque Satanás quería que se sintiera así. Satanás quería robarle su esperanza y todo lo demás que pudiera robarle. La razón por la que deseaba ponerle fin a todo es porque él desea matarlo y destruirlo. Satanás quiere privarlo de la vida que Dios le ha dado. No es nada asombroso que usted desee morir, porque hay un enemigo muy poderoso suyo y de Dios que desearía mucho que usted muriera, ahora mismo y si lo hace, habrá regocijo en el infierno por otra vida que se ha perdido.
>
> Pero en medio de todas las mentiras de Satanás y de sus intentos por destruirnos, Cristo ha venido para darle vida verdadera y no solo una manera de sobrevivir. Cristo quiere darle una vida grandiosa aquí. Será algo muy grande y mucho mejor que lo que ha experimentado, de modo que es imposible que imagine que sea tan grande. En realidad, es algo más allá de lo que pudiera haber soñado incluso en sus mejores días. Y esta vida que puede tener aquí no terminará aquí. Continuará hasta la eternidad y es por toda la eternidad que Dios quiere que esté con Él en el cielo pero no hoy. Algún día pero no este día.
>
> Así que usted puede escuchar la triste y desalentadora voz de Satanás diciéndole que se rinda, ceda y termine con su vida ahora mismo. O usted puede confiar en que hay un Dios más poderoso que Satanás y quien puede ayudarlo en su desesperación y conducirlo a la vida que

siempre quiso vivir. Y para hacer eso, todo lo que tiene que hacer es perseverar y esperar un día más.

Esa es mi interpretación de ese versículo. Es un versículo de la verdad que da comprensión sobre cómo llegó a la condición en que se encuentra. Es un versículo que le dice que no es necesario rendirse. Usted puede tener una vida diferente si solo persevera. Hebreos 10:36 dice: "os es necesaria la paciencia, para que habiendo hecho la voluntad de Dios, obtengáis la promesa". Otra traducción dice que lo que Él ha prometido es la corona de la vida. Observe que el versículo no dice que tenga que ser perfecto; tan solo necesita esperar y perseverar. Usted puede hacerlo ahora mismo y si usted necesita alguna ayuda para hacerlo, puede llamar al 1-800-639-5433.

Otra razón por la que espero que usted decida perseverar es porque así podrá ver toda la maravilla que Dios puede lograr de su vida. Su situación desesperada muestra que no está en usted el hacer los cambios que necesita hacer. El Dios que lo creó los hace, así que ríndase a Dios y permítale hacer lo que solo Él puede hacer. Pida a Dios ir junto a usted y ayudarlo en maneras que nunca soñó que alguien podría ayudarlo. Siga con vida para verle revelar una asombrosa muestra de su poder que hará más que compensarlo por sus debilidades.

LA DURA REALIDAD

Pudiera no estar pensando en terminar con su vida pero pudiera estar considerando el huir de su vida. Usted ha mezclado un lodazal de consecuencias y no sabe cómo encontrar la libertad de lo que ha ayudado a crear. Está descubriendo que no hay soluciones fáciles ni instantáneas. Usted no habla del suicidio ni piensa en él, pero está seguro de que le gustaría huir. Pudiera estar deseoso de correr a los brazos de alguien que pueda darle afirmación y afecto instantáneos, o pudiera correr al mundo de la euforia que producen las drogas y el alcohol. Dios no quiere que corra. Dios desea que permanezca justo donde está. Él desea trabajar con usted un día a la vez para convertir su dura realidad en un futuro de esperanza, sanidad y propósito.

Si estudia las Escrituras, encuentra persona tras persona y pueblo tras pueblo tomando pésimas decisiones que terminaron en muerte y destrucción. Usted no está solo. Dios está acostumbrado a personas como usted si usted es el que ha planeado y organizado lo que parece ser un completo fracaso en su vida. Si así es, Dios conoce su corazón. Él sabe cómo cayó en esa situación y Él sabe cómo sacarlo de ella. Lo más probable es que no habrá una solución fácil y en algunos casos no habrá solución. Si está en la cárcel por un asesinato masivo, hay poca posibilidad de que parte de la solución vaya a traer como resultado el que camine nuevamente por las calles. Sin embargo, dentro de esa cárcel, su alma sanada puede influir mucho en los demás y puede vivir con gozo y paz.

Lo más probable es que no haya una solución instantánea. Para muchos pudiera no haber solución alguna. Sea realista en cuanto a lo que espera que suceda. Si pasó años golpeando a su esposa y ella finalmente buscó ayuda y desarrolló fortaleza para abandonarlo, pudiera haber poca posibilidad de que su matrimonio vaya a sobrevivir. Sea realista en cuanto a esto y humíllese para hacer todo lo que pueda para restablecer la relación con ella y ayudarle en la sanidad de su propio corazón. Pida el milagro pero sea realista. Dios lo conoce y lo ama a pesar de las circunstancias difíciles que ha creado para usted mismo. Él puede ayudarle en ellas pero sea realista en cuanto a si cambiarán o no las circunstancias. Luego obre en su alma para que esta sane por muy difíciles que sean las circunstancias.

Cuanto más realistas son sus expectativas acerca de su dura realidad, tanto más fácil será desarrollar una vida que está satisfecha mientras se aparta de sus caminos destructivos y entra en las sendas sanadoras de Dios. No deje que las expectativas irreales le causen frustraciones que lo lleven a darse por vencido. No se dé por vencido. Dios está con usted y desea hacer crecer su carácter. La solución fácil o instantánea no logra esto. Se necesita trabajo y tiempo para sanar su alma desde dentro hacia fuera. El carácter nunca es instantáneo y a menudo Dios usa nuestras circunstancias para construirlo dentro de nosotros. Muchas veces, precisamente antes de que se muestre la evidencia de la obra de Dios, ya la persona se ha dado por vencida. No se dé por vencido. Siga perseverando, no importa cuán difícil sea la situación en que se encuentra. No se dé por vencido. A pesar de todo, permita que este sea el día en que usted decida continuar un día más.

Muchas veces, precisamente antes que se muestre la evidencia de la obra de Dios, ya la persona se ha dado por vencida. No se dé por vencido.

Una cuestión de confianza

Cuando observa su vida, pudiera no tener mucho sentido. Usted tiene algunas ideas sobre cómo todo pudiera funcionar mucho mejor pero Dios no parece estar viendo sus planes ni deseando llevarlos a cabo. Cuando las cosas parecen tan claras para usted, es difícil recostarse y permitir que Dios obre en su vida pero eso es precisamente lo que Dios quiere que usted haga. Su manera de hacer las cosas no es la suya. Lo que parece perfectamente correcto y normal para usted no lo es para Él. Lo que Dios revela y la manera en que lo hace parece ser algo absurdo y hasta ridículo para usted pero quiero animarlo a confiar en Dios aunque no parezca tener sentido el hacerlo.

Primera a los Corintios 1:26-29 presenta una idea de esto. El plan "absurdo" de Dios es mucho más sabio que el más sabio de los planes humanos y la debilidad de Dios es mucho más fuerte que el más grande poder humano:

> Pues mirad, hermanos, vuestra vocación, que no sois muchos sabios según la carne, ni muchos poderosos, ni muchos nobles; sino que lo necio del mundo escogió Dios, para avergonzar a los sabios; y lo débil del mundo escogió Dios, para avergonzar a lo fuerte; y lo vil del mundo y lo menospreciado escogió Dios, y lo que no es, para deshacer lo que es, a fin de que nadie se jacte en su presencia.

Entonces ¿qué significa eso para usted? Significa que, si sus circunstancias no tienen sentido alguno para usted o para quienes lo rodean, no hay ningún problema. Si no puede ver alguna salida a su confusión por su propio poder, tampoco hay problema alguno. Si lo que le parece sabio no es exactamente lo que Dios parece estar haciendo, no se preocupe. Dios ha estado haciendo que cosas absurdas obren para su bien desde el principio del tiempo. Así que no se rinda ante la desesperanza; ríndase al milagroso plan de Dios y permita que Él revele ese plan justo ante sus ojos.

Así que mi pregunta es con relación a la confianza. ¿Confiará en Él? ¿Confiará en Él lo suficiente para esperar un día más? ¿Confiará en Él lo suficiente para hacer de sus circunstancias absurdas un ejemplo de cómo Él puede hacer lo mejor de las peores situaciones? ¿Confiará usted en Él tanto como para tomar la decisión sanadora de perseverar? ¿Confiará en Dios lo suficiente como para vivir por Él aunque se demore la sanidad? ¿Confiará en Él lo suficiente como para promover la sanidad de otros mientras toma decisiones en favor de su propia sanidad? Antes que pueda sanar, tiene que responder a estas preguntas.

Le ruego que confíe en Él lo suficiente como para perseverar.

LA DECISIÓN DE PERSEVERAR

No está solo en las dudas

Usted pudiera pensar que Dios lo odia o no lo ama debido a sus dudas sobre su poder o sus dudas sobre si Él realmente está obrando en su vida. No está solo en esas dudas. Dios está acostumbrado a personas con dudas. De seguro las he tenido. Cuando comencé a caminar de un lado para otro como una persona divorciada, lleno de dolor y humillación, no podía sentir la presencia de Dios. Sabía que estaba allí pero era un conocimiento muy débil y aterricé en medio de una gran crisis de fe. La crisis no era en cuanto a si Dios existía o no y la crisis no era en cuanto a si Jesucristo murió en la cruz o no para salvarme de mis pecados. La crisis era en cuanto a si su Dios participaba en mi vida de la manera que yo creía que participaba.

Cada vez que me ocurre algo grande, alabo a Dios y le doy gracias. *Mujeres de fe* es una conferencia ambulante que creé para alentar a las mujeres. Ellas van casi a treinta ciudades cada año. Más de tres millones de mujeres han asistido a esas conferencias. Cuando *Mujeres de fe* tuvo éxito y llegamos a más de un millón de mujeres en asistencia, me sentí muy agradecido. Cuando comenzó la serie *Every Man's Battle* [La batalla de cada hombre] y ganó premios, sentí a Dios allí y le di gracias. Casi cada día al apreciar la maravilla que era Madeline, le agradecía. Pero en el centro de la amarga tormenta del divorcio, me fue difícil creer que Él estaba allí para mí. Él había hecho cosas buenas para mí y grandes cosas para mí. ¿Por qué no impidió la mala? Era una verdadera crisis pero yo no estaba solo.

De vuelta a Gedeón

Anteriormente en el capítulo acerca del servicio presenté a Gedeón, el candidato menos probable a ser usado por Dios. Él era parte del plan de Dios para derribar a 135.000 guerreros con solo

300 hombres. Pero hay otra parte de la historia que muestra que Gedeón es como usted y como yo. También él tenía sus dudas y las comunicó en voz alta. En el libro de Jueces, en el capítulo seis, un ángel del Señor se presenta ante Gedeón y le dice que el Señor está con él. En el versículo trece, Gedeón responde: "Ah, señor mío, si Jehová está con nosotros, ¿por qué nos ha sobrevenido todo esto? ¿Y dónde están todas sus maravillas, que nuestros padres nos han contado?".

Parece que Gedeón tenía muchísimas dudas, tal como usted y como yo. En los tiempos buenos era fácil creer. Pero cuando cesaron los milagros y todo lo que tiene son las débiles memorias de cosas buenas, la fe y la confianza cambian. Cambiaron en el caso de Gedeón y también en mi caso y lo hacen en el suyo. Pero como ya sabe, el final de la historia es de una gran victoria para Gedeón. Aunque dudó, siguió moviéndose hacia adelante y tuvo la disposición que le dio la victoria al fin y al cabo.

Dios puede tratar con sus dudas en los tiempos malos. Él lo conoce y conoce la naturaleza humana en sentido general. Sus dudas no son inesperadas, así que dude y comuníquele sus dudas. Dude todo lo que usted quiera pero no se rinda. Cuestione cualquier cosa con relación a su fe pero no deje de moverse hacia Dios mientras sus preguntas reciben respuesta. Persevere. Continúe. Avance. Haga todo esto mientras sigue moviéndose hacia una relación más íntima con Dios.

La realidad es que este es un mundo difícil. Van a suceder algunas cosas muy adversas que lo harán cuestionarse la existencia de Dios. Desde aquel problema al comer en el huerto del Edén hasta hoy, hemos estado viviendo en un mundo caído lleno de problemas. Esto va a suceder. Es una realidad que usted no puede arrojar o huir de ella. Satanás está en este mundo caído y parece que, cuanto más haga usted para Dios, tanto más a Satanás le gustaría matarlo a usted y reclamar una gran victoria para el malvado reino. Sus mentiras son asombrosas y nadie es inmune a su influencia.

Además, hay un Dios amoroso que nos prueba y nos controla. Dios nos disciplina como nosotros disciplinamos a nuestros hijos, porque los amamos y deseamos que pocas consecuencias negativas moldeen y den forma a su carácter. Él nos ama mucho para dejarnos solos, así que no lo hace. Él nos sigue con cosas que nos hacen más fuertes y más tiernos al mismo tiempo. Él transforma un guerrero en un gran amante. Él nos mueve y muchas veces ese movimiento es fuerte, duro y doloroso, porque es disciplina con la intención de cambiar nuestra vida.

La otra razón por la que es difícil para nosotros vivir en este mundo es porque cometemos errores que hieren a otros y a nosotros mismos. A veces ni siquiera sabemos que los estamos cometiendo. Cuando se trata del banco de la angustia del mundo, somos contribuyentes habituales. Por si esto no fuera poco, hay quienes cometen errores pero esos errores nos hieren, nos maltratan y nos ignoran. Estas personas infectan nuestra mente con el mal y nos invitan a que estemos resentidos con ellos y a que dudemos de la existencia de Dios. Con todas estas cosas horribles sucediendo alrededor nuestro, no es de extrañar que nos preguntemos si Dios existe y si participa en nuestra vida mientras aumentan los detalles horribles del mundo real. Así que dudamos pero no estamos solos.

Tomás tuvo dudas. Un hombre que caminó en la presencia de Jesús y escuchó sus enseñanzas, dudó de su existencia después de la resurrección. Pedro también dudó. De lo contrario, nunca habría negado en tres ocasiones que conocía a Jesús. Estos fueron hombres que caminaron con Jesús. Hubo otros y su decisión de apartarse de Jesús se encuentra en Juan 6:66. ¿No le gusta la combinación de los números? Ese versículo dice: "muchos de sus discípulos volvieron atrás, y ya no andaban con él". Ellos no perseveraron.

¿Se imagina estar en la presencia de Jesús y dudar y apartarse? ¿Habría hecho usted lo mismo? Incluso luego de ver a miles de personas recibir alimentos con la merienda de pan y pescado de un pequeño niño, aún dudaron. Vieron que un hombre ciego vio por primera vez pero dudaron. Vieron a Lázaro mientras se levantaba y andaba después de estar muerto, como también vieron a una niñita resucitada. Vieron a Jesús andar sobre las aguas pero siguieron dudando. Si ellos pudieron hacerlo mientras Él caminó por la faz de la tierra, no es de extrañar que nosotros lo hagamos; nosotros que nunca lo hemos visto. Así que, dude. Dude y hágase preguntas y busque la verdad pero no se dé por vencido. No permita que ninguna influencia de ninguna fuente le impidan hacer lo que usted necesita hacer al menos un día más; perseverar.

La vida no es fácil. Es difícil y Dios lo sabe. Él sufre y llora con usted. Espere en Él, porque Él espera en usted. No permita que sus dudas lo priven de su amor. No permita que sus preguntas destruyan su relación con el Dios del universo. Él puede tratar con las preguntas y las dudas. Tan solo no use las preguntas y las dudas como excusas para dejar de perseverar.

En realidad todo saldrá bien

Cuando estoy bajo un estrés severo o he acabado de recibir malas noticias, me digo a mí mismo una y otra vez que todo saldrá bien. Y sé que así será. Tal vez no pueda pagar mis cuentas el próximo mes pero todo saldrá bien. Puede que enfrente un día difícil con una nueva enfermedad el próximo mes pero todo saldrá bien. Pudiera perderlo todo pero todo saldrá bien. El saber esto y decírmelo me ayuda a perseverar en medio de todo tipo de dificultades. A pesar de todo por lo que esté pasando, todo va a salir bien. En realidad, va a salir más que bien. Si persevera con Dios, mediante su poder Él hará que todo salga bien y hará que salga bien para usted.

Tomás Watson vivió en el siglo XVII. Watson era pastor, vivía y predicaba en Londres y era muy respetado por el gran predicador Spurgeon. En el libro *A Divine Cordial*, publicado en 1663, Watson escribió acerca de lo que les sucede a las personas buenas.

Casi todos comprendemos que para que un campo produzca una abundante cosecha, debe romperse el suelo y deben ararse los campos. El doloroso proceso de romper conduce a la vida. Sin que se desmoronen los terrones en suelo fino y fértil, no produciría una gran cosecha. No tenemos problemas para comprender que ahí ocurre un quebrantamiento que conduce a la realización de ese campo.

Sin embargo no queremos aceptarlo para nosotros. Somos un campo y Dios necesita arar allí. Si se lo permitimos, Él tomará la ruptura de una sustancia humilde y la transformará para la formación de una gran vida para usted, llena de sabiduría y de conocimiento de los demás. Romanos 8:28 nos dice que: "Todo resulta para bien de quienes aman al Señor y son llamados por su nombre" (mi paráfrasis). Si eso es cierto, ¿cómo ocurre?

Los siguientes son algunos pensamientos de Tomás Watson que pudieran ayudarnos a entender cómo sucede eso. A las cosas malas él las llama "aflicción". Él dice que cuando experimentamos aflicción, llegamos a comprender lo que es realmente el pecado. Oímos acerca del pecado y cuán horrible es pero no le tememos. Así que de cuando en cuando Dios desata la aflicción y entonces podremos sentir el pecado y conocer que es horrible. Una persona enferma que tiene que estar acostada frecuentemente aprende más que alguien que escucha un sermón. Como dijo C. S. Lewis: "El dolor es a veces la bocina de Dios para comunicarse con nosotros cuando otras formas no serían buenas". Cuando estamos en medio del dolor, eso nos ayuda a recordar que todo saldrá bien. Saldrá bien pero mientras tanto dolerá un poco.

Los tiempos malos nos enseñan acerca de nosotros en formas que desconoceríamos si los tiempos fueran solo buenos. Cuando los tiempos son buenos, navegamos tranquilamente, desarrollando la comprensión de un mosquito. Con éxito y buenas cosas pasando por nuestra mente, casi nunca dedicamos tiempo a evaluarnos a nosotros mismos. Es en los tiempos difíciles en los que llegamos a conocernos. Lo bueno y lo malo y feo se revelan cuando experimentamos la aflicción y los tiempos difíciles.

Como estamos lastimados y afligidos, llegamos a ser más como Cristo cuando se nos acaban todas las demás opciones y solo nos queda la opción de conformarse a la semejanza de Cristo. La vara de Dios no es una viga de metal. Es más bien un lápiz que usa para dibujar en nosotros una imagen más semejante a Cristo. Cuando perseveramos en medio de angustias y dolores, somos más semejantes a Él cada día. Aborrecemos nuestro dolor y quisiéramos que no estuviera allí pero si vamos a ser como Cristo, tendremos que sufrir como Él sufrió. Su corona tenía espinas; lo único que queremos son rosas. Es bueno que seamos como Cristo, aunque duele mucho cuando estamos sufriendo.

Las aflicciones en realidad llegan a ser agentes de sanidad para nosotros. Ellas destruyen el pecado dentro de nosotros si se lo permitimos. El calor quita la escoria del oro y los calientes dardos de fuego de aflicción calientan nuestra alma y permiten que el mal y el pecado sean eliminados. Ellas también nos sanan, porque nos desconecta y desarraiga de este mundo. Cuando estamos en dolor, volvemos nuestra vista a lo que nos llevó allí. Al igual que usted quita la tierra de la raíz de un árbol que quiere transplantar, Dios quita nuestras comodidades terrenales que nos mantienen arraigados en el pecado, el mal y el pasado.

Muchas veces endurecemos el corazón para Dios y los demás. El dolor y el sufrimiento despejan el camino para que el consuelo llegue a nosotros. Juan 16:20 dice que nuestra tristeza se convertirá en gozo. Dios tomará el agua sucia de su vida y la convertirá en delicioso vino. Cuando estamos sin esperanza o sin nuestro propio poder, finalmente acudimos a Dios y recibimos su consuelo y su bálsamo sanador. Pablo cantó desde lo profundo de su corazón mientras estaba en la cárcel. Watson dijo que la vara de Dios tenía miel en la punta. Si fuéramos a volar alto todo el tiempo y nunca tener relación con el dolor y el sufrimiento hasta cierto punto, nunca nos suavizaríamos y experimentaríamos el consuelo que solo Dios puede dar.

Los tiempos difíciles y la aflicción obran para nuestro bien porque amplifican nuestra obra, le dan publicidad y la magnifican. El mundo solo mira de forma breve a aquellos para quienes todo ha funcionado de maravillas o mejor de lo esperado. Son aquellos para quienes las cosas no salen tan bien los que nos atraen. Nos preguntamos cómo debe ser y nos preguntamos cuál será el resultado. El trauma en la vida de una persona eleva su volumen y lo oscuro se convierte en el foco de atención.

También podemos sentirnos muy grandes porque cuando estamos luchando, Dios desciende para fijarse en nosotros y ayudarnos. Esto nos magnifica y nos ayuda seguir adelante un día más, sabiendo que Dios está prestando atención, aunque seamos simple polvo y ceniza para Él.

Otra razón para perseverar en medio de la adversidad y la aflicción es que ellas con el tiempo nos harán felices si seguimos cimentados en la Palabra de Dios y actuamos correctamente. Job 5:17 dice: "bienaventurado es el hombre a quien Dios castiga". Esos tiempos difíciles y la disciplina en la cima de ellos, nos hacen descender a una condición sencilla y humilde. Experimentamos santificación por medio de ellas y esto nos acerca a Dios. En los buenos tiempos no creemos que necesitamos de alguien y no actuamos como si lo necesitáramos. Sin embargo, cuando nos golpea la aflicción, volvemos corriendo a Dios. El hijo pródigo lo hizo y se sintió feliz al hallar que fue aceptado al volver, e incluso se le homenajeó después de haber actuado tan mal. Nos preguntamos si Dios está con nosotros pero en la profundidad de nuestra aflicción y desesperación, podemos sentir que Dios se fija en nosotros porque sentimos su consuelo sobre nosotros.

Por último, estos tiempos difíciles abren paso para la gloria de Dios. Cuando usted persevera por medio de ellas, permite que Dios sea glorificado cuando la gente ve a Dios obrando en su vida a pesar de las dificultades. Y cuando espera en Él en medio de las situaciones difíciles, es capaz de testificar que es por el poder de Dios que sobrevivió, perseveró y salió victorioso al otro lado.

> Porque esta leve tribulación momentánea produce en nosotros un cada vez más excelente y eterno peso de gloria. (2 Co. 4:17)

> Estos tiempos difíciles son pequeñas papas comparadas con los tiempos buenos, la espléndida celebración preparada para nosotros. (2 Co. 4:17, *El mensaje*)

Dios coloca un trasfondo oscuro y entonces, justo cuando no puede ser más oscuro, hay un golpe de luz. Una pincelada de oro o plata cubre las tinieblas y da gloria a Dios. Usted pudiera estar en la parte más oscura de su vida pero no se desespere. Dios está a punto de desatar su luz sobre ella y usted verá su gloria en todo eso. Toda su tristeza y lucha y dolor se usarán para su bien y para la gloria de Dios. Él no desperdiciará nada. Así que no renuncie a Él. Renuncie a sus antiguos caminos pero no renuncie a Dios.

Renunciar a los antiguos caminos

Randall es un ejemplo de lo que significa renunciar a los antiguos caminos que han producido desesperanza y comenzar a ver y hacer las cosas desde una perspectiva totalmente distinta. Él describió cómo tomó una decisión que lo sacó de la desesperanza:

He estado casado por más de veintidós años y la mayor parte de ese tiempo pasé mucho trabajo tratando de agradar a mi esposa. A pesar de todo lo que hacía, parecía estar equivocado. Traté de mostrarme indiferente pero en lo más hondo me lastimaba cada vez que ignoraba una acción mía para agradarla, o aún peor, cuando la recibía con desprecio. El dolor se convirtió en enojo y pasaba las noches solo en el templo discutiendo con Dios sobre el por qué me había puesto con una mujer que parecía preocuparse tan poco por mí.

Fue durante uno de estos intercambios que comprendí que había estado tratando de agradar a la persona equivocada. Dios necesitaba el control total de mi vida a fin de sanarme. En vez de tratar de agradar a Dios, haciendo lo que Él quería, traté de complacer a mi esposa, quien siempre estaba molesta conmigo.

Estaba de rodillas cuando le dije a Dios que haría cualquier cosa que Él quisiera, sin que importara lo que fuera. *Si quieres que sea misionero en África, o que vaya a los barrios bajos para ayudar a los desposeídos, lo haré*, es lo que le dije. Fue asombroso cómo tomó en serio lo que dije y el Espíritu comenzó a cambiarme y a sanarme. En lo primero que necesitaba concentrarme no era en agradar a mi esposa, sino en agradarle a Él al llegar a ser el hombre que Él quería que yo fuera. Eso significaba concentrarme en cómo agradarle a Él.

En aquel momento me sentí movido a hacer todo lo posible para salvar el matrimonio y comenzar a cambiar yo. Todos los aspectos de mi vida comenzaron a aflorar en mi mente como aspectos en los que necesitaba trabajar. Aunque me sentía mal por el pecado en mi vida, sentí como Dios no había sentido desprecio por mí a causa de él, sino más bien deseaba que conociera esos aspectos en los que necesitaba trabajar. De veras sentí su perdón, tanto que fui capaz de mirar de manera objetiva a mí mismo y dónde tenía que cambiar. Fue asombrosa la paz que trajo a mi vida, aunque mi esposa estaba hablando de divorcio y que nunca me había amado.

Aunque hieran esas palabras, sabía que Dios me amaba y que tenía planes para mí y que era lo único que necesitaba. De algún modo, en todo esto, ella me parecía estar más satisfecha de mí, aunque ese no era mi objetivo. Durante algún tiempo, mi matrimonio estuvo reconciliado. Eso fue durante ese tiempo en que me concentré en agradar al Señor que Dios me preparó y me sanó. Cuando mi esposa finalmente se divorció de mí, me sentía desdichado pero sabía que yo había hecho exactamente lo que Dios quería que hiciera. No había nada más que pudiera haber hecho. Hubo un gran sentimiento de paz porque sabía que había agradado a Dios.

Esto no suena precisamente como una historia exitosa porque terminó en divorcio. Es una historia exitosa porque aun en el divorcio, Randall sentía esperanza, porque sabía que Dios estaba con él. ¿Se acaba usted de divorciar? Hay esperanza. ¿Se le ha diagnosticado una enfermedad incurable? Hay esperanza. ¿Ha fracasado una vez más en su intento de vencer esa adicción? Hay esperanza. Vuelva su vida a Dios. Ríndase a su poder. Repose en sus manos y experimentará esperanza.

La gran mentira
"No me queda ninguna esperanza".

La gran mentira que pudiera haberse dicho a sí mismo es que no queda ninguna esperanza para usted o para un cambio en la difícil relación que ha encontrado. La mentira le dice que usted ha hecho todo lo posible y es el momento de tirar la toalla y rendirse. Si fuera a retroceder y mirar su situación desde una perspectiva diferente, pudiera ver las cosas de manera diferente. Lo que ha tratado de hacer pudiera haber dado poco resultado o ningún resultado y lo dejó en ese estado de desesperanza, pero lo que ha hecho pudiera haber sido lo opuesto de lo que tiene que hacer.

Su vida es como un río, llena de misterios y maravillas, poder y movimiento. Parece predecible y dócil pero en lo interior hay corrientes bravías que pueden llevarlo a lugares a los que no desearía ir. Usted pudiera estar en ese río, remando con todas sus fuerzas corriente arriba. Ha agotado todo su poder terrenal para luchar contra la corriente para llegar a un lugar un poco más adelante a donde siempre ha querido ir, un lugar que usted cree contiene la clave para su felicidad y seguridad. Usted ha remado y remado en esas corrientes y ha hecho todo lo posible. Otros pudieron haber tomado un remo y ayudarlo pero no lo hicieron. Todo lo ha hecho usted. Luego de todo este extenuante trabajo, no está cerca de ese lugar, solo un poco más adelante, al dar una vuelta, que podría darle paz, felicidad y la vida que siempre ha deseado.

En la vida real este angustioso remar es lo que llamamos intentarlo con fuerzas. Aunque parezca increíble, usted ha usado las últimas fuerzas que le quedaban para cambiar su vida y hacer mejor las cosas. Se ha esforzado más de lo que imaginó que podría hacer. Nadie podría decir que usted no ha trabajado para usted mismo y para su relación; le ha dado todo lo que tenía. Cuando se trata de remar, se ha convertido en un remero de clase mundial pero está a punto de rendirse. La corriente está comenzando a ganar. Es más fuerte que nunca y su fuerza comienza a marchitarse. Bueno, usted puede rendirse. En realidad, lo mejor que puede hacer es rendirse. Pero el cómo usted se rinde y a quién se rinde tiene mucho que ver con el hecho de si podrá o no encontrar la vida a la que ha sido llamado.

Es que mientras remaba río arriba con esa fuerte corriente en contra, usted pensaba que estaba haciendo algo correcto y noble. Sus esfuerzos parecían buenos y tenía la vista puesta en ese lugar que usted sabía tenía todo lo que necesitaba y deseaba. Sin embargo, eso pudiera no ser cierto y pudiera ser que nunca lo supiera a menos que abandonara todo ese esfuerzo. Lo invito a hacerlo y ver lo que Dios tiene para usted río abajo.

Le pido que considere ir a favor de la corriente. Deje ese remar que debilita sus fuerzas y que prueba que no depende de usted el dar solución a su vida. En lugar de eso, use su fuerza para guiar el remo como un timón. Use su poder para encontrar su lugar en el río mientras viaja a un lugar río abajo donde nunca soñó que necesitaría estar. Renuncie y comience a moverse con el poder de Dios y pudiera hallar que hay gran esperanza. Pudiera hallar que hay gran poder que no sabía que existía pero todo es río abajo y llegará allí trabajando con el río de vida, el dador de la vida, en vez de contra él.

No destruya su vida por una gran mentira. Se siente sin esperanza porque ha estado usando su propio poder, no porque no haya esperanza alguna. Se siente sin esperanza porque ha estado yendo en la dirección equivocada, no porque no haya esperanza alguna. Se siente sin esperanza porque se ha apartado de otros que pudieran ayudarlo y guiarlo, no porque no haya esperanza alguna. Se siente sin esperanza porque se ha esforzado mucho y sobrepasado esos esfuerzos bajo su propio poder. Usted no está sin esperanza porque no haya esperanza alguna. Hay esperanza para usted si persevera el tiempo suficiente para hallarla.

Intentar con gran esfuerzo

Si está cansado de probar y quiere rendirse, tiene mucho

sentido. Intentarlo fuertemente no sirve de ayuda. Yo lo hice, usted se ha ayudado desde hace mucho tiempo. Bajo su propio poder usted no puede continuar llevando su vida con esfuerzos que nunca parecen funcionar o mejorar su situación pero puede perseverar bajo el poder de Dios. Debe rendirse a Él para poder experimentar ese poder.

Ríndase a Dios; permita que Él haga por usted lo que usted no puede hacer por sí mismo. Abandone sus caminos y dé la bienvenida a sus caminos. Pida su fortaleza y su poder y Él lo hará gustoso. Vuelva a sus brazos. Entregue su vida por entero a Él. Confíe en que Dios es real y observe cómo le muestra que Él es. Observe cómo obra a través de usted y su dolor cosas que no podrían lograrse de otra manera. No se rinda en medio del sufrimiento.

Dos famosos pintores franceses, Renoir y Matisse, eran muy buenos amigos y pasaban tiempo juntos compartiendo mutuamente parte de sus vidas. Disfrutaban de su mutua compañía, ya que tenían el vínculo común del amor al color, a la belleza y a la pintura. Mientras Matisse pintaba sin preocuparse por su salud, Renoir contrajo una artritis muy grave. Lo debilitó tanto mientras progresaba que lo dejó casi paralizado por completo. Sin importar lo severo del dolor, por muy difícil que fuera ese golpe, él continuaba pintando. Cada pincelada le enviaba un rayo de dolor. Se estremecía y hacía muecas mientras aplicaba color al lienzo.

Matisse miraba a su amigo con gran preocupación y pasión. Estaba confundido por la dedicación y el compromiso que condujo a la creación de un nivel tan doloroso de sacrificio personal. Un día le preguntó a Renoir por qué seguía pintando con tal angustiante esfuerzo. Renoir respondió: "Porque la belleza permanece y el dolor pasa". Qué hermosa descripción para todos los que estamos pasando por momentos dolorosos.

Creo que Dios creará algo bello de sus cenizas. Habrá algo de gran valor que surgirá de su dolor. Y un día ese dolor va a irse para siempre. Usted no sentirá el dolor pero podrá mirar atrás en su vida y saber que influyó en quienes lo rodeaban. Ya no se sentirá como se siente hoy. El sustituir ese dolor será un sentido de satisfacción y propósito. No se rinda hoy. Déle tiempo a Dios para producir la belleza que solo Él puede lograr de una vida atormentada y difícil. No se dé por vencido. Hay belleza que se producirá de los episodios dolorosos de su vida.

Si su vida está atormentada por el dolor, el sufrimiento y la lucha, no se dé por vencido. Sométase y persevere. Espere. No se rinda. Nunca deje de creer. Haga esto. Espere en su Dios. Espere en su fe y espere en su vida. No la desperdicie. Tome la decisión sanadora de perseverar y haga lo que tenga que hacer para esperar un día más.

La sanidad es una elección. Es la elección de Dios pero nosotros tenemos que seguir tomando decisiones sanadoras si hemos de experimentar los dones que Dios tiene para nosotros. La decisión de perseverar nunca es fácil; solo la toman los que están cansados de vivir la vida como antes y finalmente desean que las cosas sean diferentes. Tome esa decisión hoy para sanar su vida. Decida perseverar y nunca mirar atrás.

11

ÚLTIMAS IDEAS ACERCA DE LA SANIDAD

En este momento usted tiene en sus manos algo que nadie puede arrebatarle. En este momento tiene su futuro en las manos. Este mismo segundo es el inicio del futuro que escogió. Usted puede escoger un futuro cargado de un pasado sin resolver que oscurece cada día con enfermedad y confusión. Puede decidir hacer frente al dolor con todas las formas distintas, defectuosas y deficientes que ha escogido para aturdir el dolor. O puede escoger un futuro diferente en este mismo instante. Ahora mismo puede pedirle a Dios que venga a su vida de una manera nueva. Usted puede optar por vivir para agradar a Dios y no para agradarse a sí mismo. Usted puede optar por vivir en sus promesas de sanidad y no en historia de quebrantamiento. Su futuro es decisión suya. Nadie puede tomarla por usted.

Le esperan algunos momentos difíciles. Usted puede decidir si se va a dejar estremecer por ellos o si en este justo momento va a aceptar la dificultad y el dolor como parte de la vida. Puede decidir prepararse para esos tiempos difíciles que están por delante al sanar los tiempos difíciles que ha experimentado en el pasado. Hoy es su día y usted puede usarlo para construir el futuro que siempre ha soñado. Usted puede influir en este mundo. No es la excepción. Su cuerpo pudiera no sanar pero puede sanar su alma. Su mente pudiera estar siempre fuera del centro, pero su alma puede estar centrada en la gracia sanadora de Dios.

Le pido como un hermano que lo ama que no permita que nada se interponga en su camino hacia la sanidad. No permita que ningún hombre robe su gozo. No permita que ninguna mujer arrebate la paz que es tan divina que es difícil de entender. No hay ninguna excusa que sea buena para conducir una vida a algo menos que a aquello para lo cual Dios la ha llamado. Sane mediante el poder de Dios. Crea que Él lo ama y desea ayudarlo de cualquier cosa con la que haya estado luchando. Acepte la realidad del dolor pero invite a Dios a que lo use para ayudarle a usted y ayudar a los demás. Le pido que tome hoy una decisión sanadora para que algún día invite a alguien más que esté donde usted está hoy, a que ande por la senda en la que transita hacia la sanidad. Le estoy pidiendo que renuncie a su vida tal y como la conoce de modo que pueda encontrar la vida que Dios tiene para usted. Tome hoy su futuro y decida por aquello que lo conducirá a su sanidad.

Un reto final

Estoy terminando este libro con un reto para usted. Si acepta ese reto, creo que su vida cambiará para siempre. Creo que arraigará en su corazón y su mente las palabras que necesita para perseverar en la senda de la sanidad. Creo que eso puede cambiar la manera en que piensa de sí mismo y de la forma que piensa de la vida. Tomará menos de cinco minutos cada día pero podría cambiar el resto de su día. Lo estoy retando a leer la afirmación "Hoy decido sanarme", al final de este libro, cada día durante cuarenta días. A lo largo de las Escrituras *"cuarenta días"* aparece una y otra vez. Es significativo para mí que Jesús ayunó y oró por cuarenta días y cuarenta noches. Así que voy a pedirle que comience su día, cada día, por cuarenta días leyendo las palabras siguientes en voz alta en algún rincón tranquilo de su mundo:

Oración sincera

Señor, me siento quebrantado y herido debido al quebrantamiento de otros y de mis propios errores. Te ruego que uses tu poder para sanarme y para darme valor a fin de tomar las decisiones que debo tomar para permitir tu sanidad en mi vida. Perdóname por ser un obstáculo para que me sanes. Gracias por permitir que mi pasado haya terminado hace un segundo y que mi futuro comience ahora mismo, en este momento contigo.

Afirmación:
Hoy decido sanarme

Hoy decido sanarme.
Mi sanidad comienza ahora mismo, en este momento.
Ya no estoy atado a mi pasado enfermo.
Hay sanidad en mi futuro.
Por las próximas veinticuatro horas, decido vivir libre y sano.
Decido olvidar las heridas pasadas que no puedo deshacer.
Decido perdonarme por las decisiones equivocadas en el pasado.
Hoy haré hincapié en lo que es bueno y justo, no en las tinieblas que he experimentado o en las tinieblas en que otros me invitan a vivir.
Hoy viviré más allá de mí mismo y viviré para Dios.
Este día decido sentir mi vida en vez de vivir en negación.
No voy a dar medicina a mi dolor, mi tristeza o mi ansiedad.
Permitiré que cada sentimiento negativo me lleve a mayores profundidades de la sanidad.
No ahogaré ni pasaré por alto mis emociones negativas.
Enfrentaré esos sentimientos y me apartaré de ellos.
No las proyectaré sobre aquellos que están alrededor de mí.

Cuando ignore la próxima decisión a tomar, decidiré hacer lo correcto.

Hoy no me ocultaré ni huiré.

Me relacionaré con aquellos que me aman y con aquellos que necesitan mi amor.

Todo este día permaneceré relacionado con Dios y le pediré que me guíe.

Hoy será una aventura para mí.

Correré un riesgo y disfrutaré de lo imprevisible.

No me dejaré gobernar por mis temores.

Optaré por hacer algo incómodo que me lleve a conocer la verdad acerca de mí mismo o a vivir la vida a plenitud.

No me mentiré hoy a mí mismo.

Buscaré la verdad y pediré ayuda cuando la necesite.

Hoy restableceré algunos límites que me protegerán de personas y situaciones indeseables.

Echaré abajo algunos muros que están impidiendo que algunas personas maravillosas me conozcan y me amen.

Si hay alguna pérdida por la que me he afligido, me afligiré por ella tanto como pueda hoy y luego la pondré a un lado.

Hoy escogeré la realidad y la aceptaré.

Aceptaré mi vida y la reanudaré donde se encuentra.

Me niego a regodearme en la compasión de mí mismo.

No me concentraré en lo que no he sido o en lo que pudiera haber sido.

Este día no me daré por vencido.

Por muy difícil que la lucha sea, decido perseverar.

No permitiré que ninguna excusa sea tan fuerte como para desviarme de mi senda hacia la sanidad.

No me daré por vencido ni me rendiré ante una vida vieja que no me sirvió bien.

No permitiré que nadie me desaliente.
Hoy me sanaré y confiaré en que Dios me libre gracias a las decisiones que tomé.
Hoy permitiré que Dios controle mi vida y cada decisión que tome será teniendo en cuenta a Dios y con amor en el corazón.
Este día decido sanarme.
Haré lo que puedo hacer para sanarme y aceptaré las limitaciones que Dios ha puesto delante de mí.
Veré cada límite que encuentre como una invitación de Dios para que haga lo que no puedo hacer yo solo.
Aceptaré que a veces la sanidad es lenta y se demora y creceré en mi carácter mientras tanto.
Hoy me saldré de mí mismo y serviré a los demás.
Buscaré una necesidad para satisfacerla.
Buscaré la herida de otra persona y ayudaré a sanarla.
No llegaré a ser una persona concentrada en sí misma.
Alcanzaré a alguien en necesidad y haré lo que me sea posible para suplir esa necesidad.
Hoy pediré la ayuda de Dios para vivir conforme a su propósito.
Hoy viviré para Dios y no para mí mismo.
Hoy decido vivir.
Hoy decido amar.
Hoy decido sanarme.

Si ha aceptado mi reto de cuarenta días, me gustaría escuchar de usted.

Me gustaría escuchar de usted acerca de su vida antes de aceptar el reto, mientras lo ha estado haciendo y después de ello. ¿Lo llevó a tomar decisiones sanadoras? Dígamelo en un mensaje electrónico a Sarterburn@newlife.com. Tal vez no lo conozca personalmente pero eso me dará un vislumbre de su vida. Sepa que lo aprecio y que oro por usted para que Dios lo bendiga con nuevos niveles de sanidad para usted y para sus relaciones.

Notas

Capítulo 2

1. Russ Bynum, *"Girl Can't Tell Her Parents Where It Hurts"* ["La niña no puede decirles a sus padres lo que sufre"], *The Orange County Register* [El registro del condado Orange], sábado, 6 de noviembre de 2004, Sección de noticias, 27.

Capítulo 7

1. *Newsweek*.
2. Charlotte van Oyen Wityliet.

Capítulo 9

1. "Healing Hands" ["Manos sanadoras"], *The Orange County Register* [El registro del condado Orange], 28 de noviembre de 2004, Noticias locales, 1.

Acerca del autor

Stephen Arterburn es el autor de más de sesenta libros de gran éxito con más de cinco millones publicados. Ha sido galardonado con tres Medallas de oro por escritos de excelencia. Su libro *Every Man's Battle* [La batalla de cada hombre], escrito con Fred Stoeker, ha sido un éxito de ventas desde 2000.

Es el fundador de *New Life Ministries* [Ministerio Nueva vida] y el presentador de *New Life Live* [Nueva vida en vivo], un programa de radio que se oye en más de 160 estaciones en todo el país. También es el fundador y creador de las conferencias *Mujeres de fe*, a las que han asistido más de tres millones de personas.

PORTAVOZ
También disponible por Editorial Portavoz

John Piper ansía ofrecer consuelo y orientación a las personas que sufren de depresión y oscuridad espiritual.

Incluso los creyentes más fieles pueden pasar por períodos de depresión y oscuridad espiritual cuando la dicha parece estar fuera de su alcance. El autor usa ejemplos de la vida real y sensibles narraciones para mostrar al lector cómo confiar en que Dios lo sacará del hoyo de la desesperación hacia la luz.

ISBN: 978-0-8254-1585-2 / 80 páginas / rústica

Disponible en su librería cristiana favorita o en la internet: www.portavoz.com

PORTAVOZ
También disponible por Editorial Portavoz

¿Qué haces cuándo descubres la buena noticia de que Dios quiere que te alegres en su presencia, sin embargo no es así como te sientes?

John Piper expone en este libro que el gozo en Dios es mucho más complejo de lo que se aprecia a simple vista. Con corazón de pastor y pasión radical por la gloria de Cristo, John Piper nos ayuda a contestar a la pregunta de qué se puede hacer para recuperar el gozo en Dios.
ISBN: 978-0-8254-1589-0 / 272 páginas / rústica

Disponible en su librería cristiana favorita o en la internet: www.portavoz.com

PORTAVOZ
Otro novedad de Portavoz

Un tratado eterno de la obra regeneradora de Dios en el cristiano.

Este libro es una herramienta importante para los que están buscando una relación profunda con Dios. El mandato bíblico es claro: Progresar de la infancia espiritual hasta la madurez espiritual. El autor hace un llamado a los creyentes para que perseveren en el proceso profundo de desarrollar su vida espiritual.

ISBN: 978-0-8254-1613-2 / 192 páginas / rústica

Disponible en su librería cristiana favorita o en la internet: www.portavoz.com

PORTAVOZ
También disponible por Editorial Portavoz

Las mujeres tienen un arma poderosa para vencer las decepciones que Satanás impone en sus vidas: La verdad absoluta de la Palabra de Dios.

Todas las mujeres sufren frustraciones, fracasos, ira, envidia y amargura. Nancy Leigh Demos arroja luz en el oscuro tema de la liberación de la mujer de las mentiras de Satanás para que pueda andar en una vida llena de la gracia de Dios.

ISBN: 978-0-8254-1160-1 / 256 páginas / rústica

Disponible en su librería cristiana favorita o en la internet: www.portavoz.com

PORTAVOZ
También disponible por Editorial Portavoz

Aprenda como liberarse de la amargura y el dolor: Escoja perdonar.

No hay palabras mágicas o fórmulas secretas para el perdón. Sin embargo, hay principios bíblicos que pueden ayudarlo. La distinguida maestra Nancy Leigh DeMoss ahonda en la Palabra de Dios para descubrir las promesas y exponer los mitos acerca del perdón. Este libro aborda las estrategias para poner la gracia y misericordia de Dios en práctica, para que podamos perdonar a otros como Dios nos ha perdonado a nosotros.
ISBN: 978-0-8254-1188-5 / 224 páginas / rústica

Disponible en su librería cristiana favorita o en la internet: www.portavoz.com

PORTAVOZ
También disponible por Editorial Portavoz

Consejera certificada en comportamiento, Deborah Smith Pegues ha preparado un devocionario de treinta días para ayudarlo a controlar su lengua poca disciplinada y transformarla en un recurso de gran valor.

El lector aprenderá a:
- parar de decir las cosas inadecuadas en el momento inadecuado en la manera inadecuada
- usar las palabras que ayuden a otros
- evitar los escollos y consecuencias de las mentiras, la adulonería y las exageraciones

Combina historias cortas, anécdotas, preguntas profundas y afirmaciones basadas en la Biblia para hacer de cada capítulo un acontecimiento transformador de su lengua y de su vida.

ISBN: 978-0-8254-1601-9 / 144 páginas / rústica

Disponible en su librería cristiana favorita o en la internet: www.portavoz.com

NUESTRA VISIÓN

Maximizar el efecto de recursos cristianos de calidad que transforman vidas.

NUESTRA MISIÓN

Desarrollar y distribuir productos de calidad —con integridad y excelencia—, desde una perspectiva bíblica y confiable, que animen a las personas a conocer y servir a Jesucristo.

NUESTROS VALORES

Nuestros valores se encuentran fundamentados en la Biblia, fuente de toda verdad para hoy y para siempre. Nosotros ponemos en práctica estas verdades bíblicas como fundamento para las decisiones, normas y productos de nuestra compañía.

- Valoramos la excelencia y la calidad
- Valoramos la integridad y la confianza
- Valoramos el mérito y la dignidad de los individuos y las relaciones
- Valoramos el servicio
- Valoramos la administración de los recursos

Para más información acerca de nuestra editorial y los productos que publicamos visite nuestra página en la red: www.portavoz.com